# 赢单四式

## 商业客户卓越销售进化之旅

Evolution of Excellent Sales for Business Customers

江文年 ◎著

知识产权出版社
全国百佳图书出版单位

图书在版编目（CIP）数据

赢单四式：商业客户卓越销售进化之旅 / 江文年著 . —北京：知识产权出版社，
2019.8

ISBN 978-7-5130-6302-9

Ⅰ . ①赢⋯　Ⅱ . ①江⋯　Ⅲ . ①销售—方法　Ⅳ . ① F713.3

中国版本图书馆 CIP 数据核字（2019）第 115444 号

内容提要

本书以客户的购买逻辑为核心出发点，通过对概念销售、解决方案销售、顾问式销售、
竞争性销售和创值营销等一系列理论成果的系统集成，将销售策略与技巧有机融合，构建
了一套基于客户概念的 B2B 销售方法论，并以实际的客户销售场景为例进行了详细阐述，
是作者多年从事商业客户销售管理和培训实践以来的经验总结，为 B2B 销售人员提供了一
套简洁易行的销售操作指引。

责任编辑：卢媛媛　　　　　　　　责任印制：刘译文

**赢单四式：商业客户卓越销售进化之旅**
YINGDAN SISHI：SHANGYE KEHU ZHUOYUE XIAOSHOU JINHUA ZHILÜ

江文年　著

| | | | |
|---|---|---|---|
| 出版发行：**知识产权出版社** 有限责任公司 | 网　　址：http://www.ipph.cn | | |
| 电　　话：010-82004826 | | http://www.laichushu.com | |
| 社　　址：北京市海淀区气象路 50 号院 | 邮　　编：100081 | | |
| 责编电话：010-82000860 转 8597 | 责编邮箱：luyuanyuan@cnipr.com | | |
| 发行电话：010-82000860 转 8101 | 发行传真：010-82000893 | | |
| 印　　刷：北京中献拓方科技发展有限公司 | 经　　销：各大网上书店、新华书店及相关专业书店 | | |
| 开　　本：787mm×1000mm　1/16 | 印　　张：18.25 | | |
| 版　　次：2019 年 8 月第 1 版 | 印　　次：2019 年 8 月第 1 次印刷 | | |
| 字　　数：211 千字 | 定　　价：58.00 元 | | |
| ISBN 978-7-5130-6302-9 | | | |

# 前言：商业客户卓越销售进化之旅

长期以来，关于销售的书籍和文章如汗牛充栋，不胜枚举。自从电子商务概念出现之后，人们习惯性地把销售按照买卖双方的关系分为B2B、B2C、C2C等多种类型。为开宗明义起见，本书仅探讨针对销售复杂产品或方案的B2B销售人员的销售方法和进化路径。

过去，当人们谈到销售这个职业的时候，经常有些人认为，成为一名优秀的销售需要做到"三好"：酒量好、口才好、关系好。

酒量好。十多年以前，当我刚进入商业客户销售领域的时候，逢年过节最重要的事就是请客吃饭，吃饭当中最重要的事就是让客户把酒喝好。为了检验客户经理的酒量高低，公司内部聚会上经常还有"破坏性"测试节目。很多地市的大客户部老总经常挂在嘴边的一句话就是："不喝酒你怎么可能把业务做好啊？"很多客户经理引以为傲的英雄事迹就是"上次让客户把酒喝嗨了，对方老板在包厢里当场就爽快地签了约"。更有甚者，有些企业在招聘销售岗位时，酒量测试是面试的第一关。为客户安排喝酒、娱乐等活动俨然成了销售人员的首要工作，乃至使得后端部门聊起销售时，有些人还会愤愤不平地说："做销售真好啊，拿着单位的工资，吃喝玩乐全报销。"而销售人员则是慨叹："我们是 5+2、白加黑，全天候工作，为客户不但要用心服务，还要用肝服务，真苦啊！"

口才好。过去很多人对销售人员口才好的定义多数是表面上的，"花言巧语""能说会道""见人说人话，见鬼说鬼话"等词语经常被用来形容那些"满嘴跑火车"的销售，使得社会上不少人对销售职业产生了一些偏见，仿佛做销售的都是些招摇撞骗的人。

关系好。因为接触的客户多，人们通常认为职业销售人脉广，认识的人多，喜欢和各路人物打交道，见到谁都自来熟，还特别会来事。对一名好销售来说，有时候这种广泛的人脉关系的确偶尔能帮到自己、家人或朋友办成一些事，但大部分销售并不能做到这一点，单纯为拓展业务拉关系，客户只会把他们看作是推销员，未必会有真心实意的回报之举。事实上，对于 B2B 销售来说，几乎没有哪家客户会因为私人关系好而进行购买。生意的本质是交换，而客户之所以愿意交换，是因为他觉得获得的价值比付出的要多，是真的赚到了。

上面说的"三好"销售在我们的企业中无处不在，然而经过我多年的观察，做到这"三好"未必能成为一个好销售，做不到这"三好"未必就是一个差销售。我亲眼见识过喝酒一杯就晕倒、说话一急就结巴的销售把业绩做得非常优秀的，更见过很多成天泡在客户身边喝茶聊天、把酒言欢的"三好"销售业绩平平的。当然，见得最多的还是那些"可移动、会说话的产品说明书式"的销售人员，他们分布在企业的各个区域，随时准备向客户派发宣传单张，不管男女老幼，都口若悬河地向他们游说："本公司最近推出了某某套餐，还有一二三四若干优惠，此时购买非常经济实惠，走过路过不要错过。"如此等等。客观地说，他们勤劳刻苦的敬业精神值得称赞，但其工作的方式方法却也值得反思。

随着互联网、大数据、云计算和人工智能等技术的飞速发展，现在人们谈论最多的话题之一就是："未来将会有哪些职业最容易被机器取代和颠覆？"例如，前一段时间网络上被热炒的高速公路收费员就首当其冲。在很多人看来，这些人每天只需要发卡、收费，工作非常简单，以前因为工作极其稳定也被称为"铁饭碗"。不过，最近交通部发布"新铁规"，将在全国范围内逐步取消收费站的工作，采用 ETC 及支付宝、微信等"无感支付"手段来替代。如此一来，有一大批人必将失去这个"铁饭碗"。那么，对于职业销售来说，被人工智能等新技术替代的概率又有多大呢？

BBC 基于剑桥大学研究者 Michael Osborne 和 Carl Frey 的数据体系分析了 365 种职业在未来的"被淘汰概率"，其中电话推销员被机器取代的概率最大（99%，接近百分之百），保险业务销售员被淘汰的概率为 97%，房地产销售经纪人被淘汰的概率为 86%。由此可见，越是产品简单、标准化程度高、单调且重复性强的销售工种，越容易被机器替代。想想街边那些摆地摊卖服装、卖西瓜的小贩，不也自发地用录音机来循环播放推销信息吗？如果职业销售人员见了客户只会读产品说明书，只会按照公司设计好的产品卖点来推销业务，那么离被机器取代的日子也就不远了，到时再抱怨"我做了一辈子推销，其他的什么都不会"，又能有什么用呢？

高速公路收费员的故事带给我们的启示是："如果不学习、不思考、不总结、不与时俱进、不融会贯通，任何职业都可能被机器取代，因为机器已经会学习了，而且比人学得更多、学得更快。"

研究表明，如果你的工作包含以下三类技能要求，那么，你被机器取代的可能性就非常小：① 社交和协商能力；② 同理心，以及对他人真诚的帮助和关切；③ 创造性，学习总结和提升优化能力。

上述三项，恰恰是优秀 B2B 销售人员的核心技能。其一，社交和协商能力是第一项关键技能，销售人员借助互动沟通获得客户的认同，通过协商达成销售目标；其二，同理心和真诚服务的态度，为销售获得客户的信任，通过关心和帮助客户解决问题，在为客户创造价值的同时，也为销售人员所服务的企业创造价值；其三，创造性地为客户提供针对性和差异化的产品方案，通过实践中学习、学习中实践，不断总结经验教训，提升优化自我能力，是销售人员适应时代和外部环境变化、在竞争中立于不败之地的不二法门。

那么，有没有人天生就具备这些技能？作为一名普通的 B2B 销售人员，如何获得和提升上述能力呢？

现实的情况是，在许多企业里，的确有些人天生就适合做销售，他们拥有难以形容的销售才能。在《新解决方案销售》一书中，作者基斯·伊迪斯（Keith M. Eades）是这样描述的："审视这些销售天才，约占所有销售人员的 20%，我们称为'雄鹰'。"他们擅长销售，但如果你问他们秘诀何在，恐怕连他们自己也说不上来。我们将另外一类销售人才称为一般销售人员，他们约占所有销售人员的 80%。这些人有准备、有意愿、有能力从事销售工作，但他们和"雄鹰"全然不同，我们姑且称为"大雁"。如果遵循一定的方法和流程，他们有潜力成为优秀的销售。

如果我们将客户也分成两大类，第一类为"创新型"，他们往往愿意成为某些产品的早期购买和使用者，这类客户约占市场中的 20%；第二类为"保守型"，他们通常属于适用主义者，在做出购买决策前，需要看到别人的参考推荐、证实后的结果与投资回报等分析资料，这类客户约占市场中的 80%，显然是最难推销成功的对象。

接下来，我们把两类销售和两类客户按一般规律摆放在一个二维矩阵里（如图 0.1 所示），于是会发现，企业里 80% 的"大雁"销售人员会有其中的 80% 面对"保守型"客户。也就是说，在 64% 的时间里，我们的企业要让那些一般销售人员去面向最难对付的客户群体进行销售。这恰恰是所有企业面临的现实。

| | "雄鹰"销售<br>（20%） | "大雁"销售<br>（80%） |
|---|---|---|
| "创新型"客户<br>（20%） | 4% | 16% |
| "保守型"客户<br>（80%） | 16% | 64% |

图 0.1　销售与客户的分类对应比例关系

因此，为了让一般销售人员拥有前述的三项销售技能，有必要建立一套行之有效的销售方法论，对"大雁"销售人员进行训练，从而让他们逐渐进化出"雄鹰"的本领，非天赋使然，乃后天习得。这就是我写作和出版本书的目的所在。

客观地说，不管身处什么企业，绝大多数销售人员是有准备、有意愿、有能力从事销售工作的。而且，正因为他们有准备、有意愿，往往会非常积极地去面向客户推销产品，并期望实现良好的业绩。然而事实证明，仅有满腔热情并不能让销售达成理想的意愿，因为他们太希望成功了，总是假设客户会有需求，于是总是以产品为中心、以自我为中心，不厌其烦地向客户表现、告白、解释。所有这些行为似乎都是为了证明"勤奋不等于成功"，如此而已。那我们究竟要靠什么才能打动客户、促成购买呢？

在销售领域，人们常常按销售水平的高低把销售行为分为三个等级，分别是"自我""利他"和"无我"三个境界。

（1）自我：站在自己的角度，从产品出发，向客户推销。如某企业打出的云业务广告："国家队，安全云，你值得拥有！首家国家认证可信云，助你飞上云端。"这里只说公司的产品是"安全云"，并无其他信息，难以打动客户购买。

（2）利他：宣扬产品可能给客户带来的利益，但未摆脱自有立场。如某企业在春运期间打出的云业务广告："有票在手，上云快人一步。云时代还没有抢到站台票，我送你一张一等票，请接收。"这里说出了产品给人带来的好处为"抢票快"，但明显让人感觉到"我帮你"。

（3）无我：站在客户角度，为客户解决问题、实现价值。如爱立信公司曾经做过的手机广告："一切尽在掌握。"这里既表达了一切信息都能被全部、随时掌握的意思，又暗示了其手机的小巧方便，一个"手掌"即可握住。仅仅6个字，说的全是用户的感受，完全没有强调公司，也没有强调产品，是典型的"无我"销售。

从上面对三种境界的描述可以看出，"无我"是销售的最高等级，它完全站在客户的角度诉说其购买的动因和获得的利益，摒弃了销售的自我立场，最容易打动客户做出购买决策。因此，解开"销售"这把锁的密码就藏在"购买"二字之中——只有理解了购买的本质，才能揭开销售的盖子。聪明的销售总是沿着客户购买的思维逻辑展开工作：不是为了单纯卖产品给客户，而是为了帮助客户解决问题，帮助客户创造价值，从而帮助客户进行购买。所有这一切都是站在客户的视角悄然进行的，客户在销售的真诚帮助下解决了问题，销售也以"双赢"的姿态水到渠成地达成了销售结果。这便是达到"无我"境界的顾问式销售和解决方案销售的魅力，也是本书希望传授给销售人员的核心方法。

笔者进入 B2B 销售组织与管理领域已有 12 年，先后从事过大客户销售、中小企业客户销售、直销渠道运营管理、解决方案营销支撑等几个方面的工作，其间深入研读过大客户销售、顾问式销售、新解决方案销售、新概念销售、信任销售、策略销售、创值营销、营销突围等理论，并将它们运用到销售实战之中。我本人接受过沈澄勇老师的"创值营销"培训、夏凯老师的"信任五环""销售罗盘"和"铁三角实战工作坊"课程认证培训，也曾亲自为一线销售人员和销售经理讲授过这些课程，并在带领销售队伍和教学过程中获得了大量一手资料和有价值的信息反馈。本书试图将大客户销售与中小商业客户销售的方法进行综合，正是吸收了罗伯特·米勒（Robert B. Miller）、史蒂芬·海曼（Stephen E. Heiman）、泰德·图勒加（Tad Tulejia）、基斯·伊迪斯（Keith M. Eades）、兰迪·蔡斯（Landy Chase）、麦克·哈南（Mack Hanan）、齐洋钰、徐晖、夏凯和沈澄勇等人的著作与培训课程的营养，再结合本人的销售管理实践进行提炼的结晶。在此，对以上提及的营销界导师以及他们提供的著作、课程表示衷心感谢！

事实上，因为面对的客户规模不同、采购决策流程长短不同、产品和方案的复杂程度不同，B2B 销售经常被再次细分为面向小微客户的快速营销突围方法、面向中型客户的创值营销方法和面向大客户的顾问式营销方法。本书将这些方法进行了综合集成，目的是尽可能找出面向各类商业客户的通用规律和销售模式，从而为 B2B 销售人员快速建立销售理论框架提供指引。除去网络营销和人工智能销售可以替代的工作之外，其他的通过客户业务情境切入、由销售人员运用社交和协商、认同和关怀、创造和艺术性地开展销售的模式均可归结到这套理论框架之中，销售人员根据实际销售场景进行组合与裁剪、灵活运用即可。

当然，笔者亦希望通过本书的推广应用，在销售实践中对该方法进行检验和修正。如果本书能够为读者开启一段职业销售的发展之路，帮助销售人员实现从"大雁"向"雄鹰"的进化，将是笔者最大的欣慰。期待得到读者的热情反馈和宝贵意见，联系邮箱：willy_john@189.cn。

江文年

**2019 年 4 月于广州**

# 目　录

## 第二篇 从概念到目标——售前准备

## 第三篇　从痛点到期望——概念诊断

## 第四篇　从信任到购买——方案呈现

## 第五篇 从顾虑到确信——成交签约

# 第一篇

从购买到销售——销售逻辑

销售的问题要在购买中寻找答案，要研究销售的方法和路径，首先要从研究客户的购买行为开始。

本篇通过对客户购买逻辑中"为什么买"（Why）"怎么买"（How）和"买什么"（What）这三个关键问题的研究，严密推导出"赢单四式"销售模型，并对售前准备、概念诊断、方案呈现和成交签约四个阶段的核心内容和逻辑关系进行了阐述。

# 第1章　理想与现实的差距是激发购买的源泉

身处 B2B 销售一线十余年，我接触过成百上千的销售人员，他们经常向我倾诉工作中遇到的种种烦恼，例如：

▶▶ "我很难完成销售任务，今年的奖金又要打折扣了。"

▶▶ "有效商机不足，客户总说没需求、不需要。"

▶▶ "我们公司的产品价格高于对手，没有竞争力。"

▶▶ "约不到客户，尤其怕见客户的高层。"

▶▶ "见到客户不知道说什么、从哪开始说。"

▶▶ "不知道客户在想什么。"

▶▶ "好像客户也不知道自己要什么。"

▶▶ "客户不认可我们的产品和价值。"

▶▶ "要是经理能给我权限，可以给客户一些折扣就好卖了。"

▸▸ "客户总是不着急，好像对我们的产品没信心。"

▸▸ "客户当面说很好，结果没行动。"

▸▸ "项目进度慢，无法按计划推进。"

▸▸ "总是让客户牵着走，怎么让客户跟我走？"

▸▸ "如何让客户真正支持我？"

▸▸ "客户到底是怎么做决策的？"

▸▸ "客户看我就是个光想挣他们钱的销售员。"

▸▸ "有些时候，我也不知道自己应该干些什么。"

▸▸ ……

凡此种种，都是销售常见的问题，准确地说，是没有掌握销售规律和有效的销售方法而产生的烦恼。为此，我们给出的第一个关键建议是——**销售的问题要在购买中寻找答案**。也就是说，研究销售的方法和路径，首先要从研究客户的购买行为开始。

接下来我们即将进入探寻客户购买逻辑的奇妙之旅，重点讨论客户为什么买（Why）、怎么买（How）、买什么（What）的问题。

本章探讨第一个问题：**客户为什么会购买？**

如果把这个问题抛向人群中的任何一个人，得到的可能回答有：

▸▸ "因为需要，所以购买。"

▸▸ "不买我会很痛苦。"

▸▸ "因为购买它，解决了我的大问题。"

▶▶ "因为购买，所以快乐。"

▶▶ "我有钱，我任性，我乐意。"

▶▶ "心情不好，买东西安慰一下自己。"

▶▶ "我买买买，就是为了满足虚荣心，你打我啊？"

▶▶ ……

看到这些五花八门甚至有些奇葩的回答，也许你会说："购买何须什么理由？存在即合理，哪有什么规律和逻辑可言？"

可是，你仔细看一看、想一想，还是会发现其中有一个大致清晰的脉络——购买行为的发生，要么是为了消除或减少痛苦，要么是为了获得快乐，归结为四个字就是"离苦得乐"。因此，客户之所以购买，是源于他们自己的原因，而不是你的原因。客户自己的认知和期望远比销售的产品重要得多。这也是经典销售理论中始终强调"客户至上"的根本原因。所以，真正的销售应该始于客户、终于客户。

可以说，一切购买的动因都是因为客户有问题（或是有期望，而期望未满足归根结底也是一种问题），而问题产生了痛苦，痛苦产生了需求，需求产生了购买。这便是购买行为背后的思维逻辑。从个人到组织，99.99%的购买行为都可纳入这个逻辑。说得文艺一些就是：**现实与期望的差距带来的痛，是客户购买的欲望之源**。用数学公式来表达就是：

$$购买欲望 = 期望 - 现实$$

按照上面这个公式，当客户的期望大于现实时，购买欲望大于零，表现为有购买意愿；当客户的期望等于或小于现实时，购买欲望等于或小于零，表现为无购买意愿。无论是否有购买意愿，客户都会对现实和期望表现出某种态度，即对销售的产品或方案引起自我内心变化的一种感觉，我们称之为**反馈模式**。根据购买欲望公式计算结果，可将客户的反馈模式分为四种类型，分别为增长模式、困境模式、平衡模式和自负模式（罗伯特·米勒、史蒂芬·海曼、泰德·图勒加，2017；夏凯、田俊国，2015）。

需要特别说明的是，基于购买欲望的反馈模式不是客户的总体态度或性格，而是针对销售将要展现的产品或方案而产生的预期，因此，有人天生爱做梦或天生忧心忡忡，不代表他对销售的产品或方案天生就是喜好或担忧。一个人可能喜欢 A 产品，对 A 产品有强烈的购买欲望，但可能对 B 产品则完全没有购买欲望。因此，同一个人在面对不同的产品或方案时，可能有不同的反馈模式；不同的人在面对相同的产品或方案时，也可能有不同的反馈模式。

下面我们对客户购买欲望和反馈模式的关系逐一进行说明。

## 1.1 购买欲望 > 0

根据购买欲望公式，当客户的期望大于现实，即计算结果显示购买欲望大于零时，客户采取购买行动的意愿大，说明客户要么对未来有期待，要么对现状有不满。换言之，此类客户身上都存在由现实和期望的差距所带来的痛，是销售过程中需重点关注的对象。

当客户的购买欲望 >0 时，其反馈模式又可分为两种，分别为增长模式和困境模式。

增长模式（Growth Mode）又称"如虎添翼"。此类客户对现实比较满意，但对未来还有更大的期望，属于精益求精、好上加好的类型。他们总是希望未来能变得比现在更好，因为期望大于现实，购买欲望的计算结果显然大于零。换一个角度来说，其实增长模式也有痛点，那就是由于期望得不到满足所带来的痛，是时刻希望做更好的自己（也可能是公司、部门等）但尚未变得更好时，那种不满足的感觉。

举例来说，那些忠实的铁杆"果粉"（苹果品牌的忠实用户）就属于这种类型。每当苹果公司发布新款手机，他们就会第一时间去争取购买，是典型的"如虎添翼"反馈模式。只要有机会比现在变得更好，他们采取行动的可能性就会很高。

又比如，我们经常听说"女人的衣柜里永远少一件衣服"。因为很多女人在服饰上的追求是典型的增长模式，她们喜欢经常逛街、逛网店，总是期望不断发现更喜欢的衣服。当找到中意的款式时，只要不超出购买能力，她们会很愿意购买，但是若没有遇到合适的，可能连续逛一天商场也不会出手。

当把"如虎添翼"模式引申到现实的客户购买情境时，我们可以发现，此类客户随时在追求"更高、更快、更强"的境界，对自己所负责领域的工作总是希望变成业内的标杆，引领时代的潮流。每当发现有更好的方案可以对现状进行优化或更新时，总是愿意积极地推动优化进程。因此，"如虎添翼"客户的优点是，只要销售的方案能满足其追求创新、保持领先优势的目标，他们会乐于推动购买；其缺点是，由于需要广泛收集、研究各种不同方案的优缺点，他们往往不容易迅速行动。

针对"如虎添翼"反馈模式的客户，销售需要考虑的重点问题是："我的方案和建议能否减少或消除客户期望与现实之间的差距？"而应对他们的方法则是尽量带给他行业领先的示范案例，为他展示美好愿景，通过足够的证据让他相信你的方案可以让他变得"更高、更快、更强"。

购买欲望＞0的另一种模式为困境模式（Trouble Mode），又称"亡羊补牢"。此类客户对未来的期望不高，但却在现实中遇到了急需解决的麻烦，否则会影响到现实的工作（或生活）。他们急于让已经有了麻烦的现状得到改善，从而达到基本的期望，因为现实小于期望，购买欲望的计算结果显然也大于零。

例如，有一次我在外地某高校毕业生招聘现场做演讲，预定的演讲时间是晚上7:00，我下午5:00从宾馆出发去学校之前，突然发现西裤的拉链坏了，而且身边只带了这一套正装。怎么办？现买显然是没时间了，恰巧宾馆旁边倒是有一间西服店，进去一问能不能修拉链，店员根本连搭理我的态度都没有。我只得跑到街边去，试试沿街能不能找到做裁缝手工的摊子，走了几条街都没发现。情急之中我又往回走，边走边想还有什么其他办法，突然发现街角处有个修鞋的地摊，随口问了一句："师傅，能修裤子拉链不？"修鞋匠抬头说："拿来看看。"于是我把裤子递给他。他随意看了一眼，从工具箱里找了根蜡烛，在拉链上涂抹了几遍，然后随便左右拉几次，立刻修好了。问他："多少钱？"答曰："30。"成交！

这就是典型的"亡羊补牢"模式下的一次购买。由于客户急于解决眼前的困境，购买欲望强烈，因此会急切地进行购买。他不需要买最便宜的，但也不一定就是买你的，他要的是最能解决现实问题的方案。当销售人员对这类客户谈 N 多种先进性能、技术优势的时候，他可能压根就不放在心上，因为他就想知道怎么解决麻烦。因此，"亡羊补牢"客户的优点是，只要销售的方案能有效解决其面临的问题，他们会快速形成购买决定；其缺点是，由于专注于问题解决，他们往往会忽视产品和方案的优势。

在一个典型的例子：某作家应征入伍，班长问："你念过小学吗？"他答："念过。我还念过中学，而且在大学取得了三个学位，还有……"班长点点头，高举一块橡皮图章在报名表上印下了两个字："识字"。显然，班长作为"客户"，当时仅需要"采购"一名识字的士兵，如此而已，这个作家的诸多优势已经变得不重要，达到"识字"的采购标准就过关了。假设班长只需要招收一名"识字"的士兵，又假设在这个作家之前有一位小学生去应征了，那么，当作家再去的时候，"采购"已经宣告结束。

可见，针对"亡羊补牢"反馈模式的客户，销售需要重点考虑的是如何快速帮助客户解决现实的麻烦，虽然也是聚焦"减少或消除客户期望与现实之间的差距"，但在此反馈模式下，关键的思路是改善现状，而非达成更高的期望。应对"亡羊补牢"模式的做法是帮助客户客观分析他们的"麻烦"处境，并提出最快捷有效的解决方案。

## 1.2　购买欲望 = 0

根据购买欲望公式，当购买欲望计算结果等于零时，客户没有购买意愿，因为他对现状是满意的，对未来也没有更高的期望。此时，客户表现出来的反馈模式一般为平衡模式。

所谓平衡模式（Equilibrium Mode），又称"我行我素"。此类客户觉得现实与期望之间没有差距，保持现状就挺好，没必要改变什么。因为现实等于期望，购买欲望公式的计算结果等于零。

例如，A 公司信息处的处长半年后将退休，B 公司正准备向其销售一套新的计算机软件系统。该系统有可能改善 A 公司的库存管理水平，但也需要优化一些管理流程，有可能存在某些应用风险。此前 A 公司的库存管理已经有一套相对成熟的管理模式和系统，且运行平稳。在这种情况下，该处长表现为"我行我素"反馈模式。他认为 B 公司的产品并不能给他带来更好的预期，系统上马后即使能为公司带来利益也与他无关（因为即将退休），如果弄不好还可能造成自己晚节不保，因此对他而言，维持现状就是最好的选择。

再比如现在人们常说的"舒适区"的情形。现实中有些人在一个岗位上待的时间长了，渐渐达到了驾轻就熟、游刃有余的状态，觉得就这样过下去也不错，有一种岁月静好的舒适感，于是不再追求进步，认为一切都按部就班即可，无须改变什么，也不愿接触外部信息。此时，他对现实很满意，对未来也没有什么新的期望，便是典型的"我行我素"模式。

显然，"我行我素"是一种无欲无求、淡泊致远的状态，这种类型的客户往往不希望、甚至拒绝改变现状。因此，他们根本不在意销售的方案与他的现实之间的区别，甚至认为你的方案是打破平衡的"祸根"，给他带来困扰，是没事找事。

由于"我行我素"模式的购买欲望公式计算值为零，这类客户一般不适合作为重点销售对象来对待，但是如果销售能够让他从"我行我素"改变为"如虎添翼"或"亡羊补牢"模式，则依然可以推动其发生购买行为。

让"我行我素"客户发生改变的办法有两种：一是在不改变客户对现状认知的情况下，拉高期望值，从而达到购买欲望大于零的效果，具体做法是通过案例分享、专家介绍、论坛交流等形式，向此类客户展现更好的愿景，让他建立起新的期望，激发他追求更高的"欲望"；二是在不改变客户基本期望的情况下，降低其对现状水平的认知值，从而达到购买欲望大于零的效果，具体做法是通过第三方故事沙龙等形式，让此类客户理性地识别现状，发现自己的问题和差距，从而让他真切地感觉到"痛苦"的存在。

## 1.3　购买欲望 < 0

根据购买欲望公式，当购买欲望计算结果小于零（即为负值）时，客户毫无购买意愿，因为他认为你将要提供的产品或方案还不如他现在的状况，自然不会有购买欲望，甚至极有可能反对购买。此时，客户表现出来的反馈模式一般为自负模式。

所谓自负模式（Overconfident Mode），又称"班门弄斧"。此类客户觉得现实比期望还要好，购买欲望公式的计算结果为负值。在某些特定领域，他们自认为比别人强多了，不需要改变什么，如果改变可能还不如现在。由于他们自我感觉现状已经相当不错了，不允许你做出任何破坏目前良好状态的事情，不存在发生购买行为的可能性，甚至还会反对购买。

"班门弄斧"的实质是认为现实高于期望。例如，某学生平时成绩一般，家长对他的要求也是 60 分及格就好。一次期中考试结束后，该学生出乎意料地考了 80 分。老师认为他还有进步空间，应该给予持续鼓励，于是给家长打电话："家长您好！这次期中考试您的孩子考了 80 分，表现不错。我觉得如果他课内和课外再抓紧一些的话，应该还有进步的空间……"老师还没有说完，家长立刻打断了话茬说："老师，谢谢您的教导！没想到我家孩子表现得这么好啊，真是祖坟上冒青烟啦！老师您是不知道啊，从我爷爷那时候起，我家祖祖辈辈上学的就没有哪个及格过。现在我的孩子考这么好，真是祖上积德了。他回家我一定犒劳犒劳他，让他好好放松放松，不能因为读书太用功累坏了身体……"

客户出现"班门弄斧"反馈模式的主要原因可能是源于其对现状的认知水平低，以为自己在某领域处于先进水平（其实不是），或因"没见过世面"而对期望值设置过低，也可能源于对销售不满或已倾向于其他竞争对手而产生的抵制情绪。在实际的销售过程中，当销售人员未掌握客户的关键期望而给出一个达不到客户要求的方案时，也会导致"班门弄斧"模式的出现。

"班门弄斧"模式的购买欲望公式计算值为负，这类客户最不适宜作为重点销售对象来对待。因为很难让其正视现实中可能存在的问题，因此一旦遇到此类客户，应与他们以柔和的方式交流，满足其"自满"情绪的释放，耐心等待其反馈模式的变化。

综上所述，增长、困境、平衡和自负这四种反馈模式都是客户建立在期望与现实之间的差异之上而做出的反应，每一种反馈模式都代表着购买意愿的不同强弱程度。事实上，同一个人在不同时期的反馈模式会随着情境的变化而变化。以前面提到过的"苹果粉"为例，当苹果公司推出更高性能的新款手机时，他可能表现为"如虎添翼"模式；在购买到最新款手机后的一段时期内，由于没看到心目中认为更好的机型，他可能会转而进入"我行我素"模式；如果此时有人向他兜售一部他认为外观和性能都不如苹果的手机，他可能表现出"班门弄斧"模式；如果某一天出差途中手机突然坏了，而当时又无法买到最喜欢的苹果手机时，为了紧急解决通话、上网等问题，他可能就变成"亡羊补牢"模式，临时买一部其他手机应急使用。

最后需要说明的是，购买欲望 >0 并不代表客户一定会购买。例如，整形医院的销售人员可能认为，每个人都有变得更漂亮的潜在需求，但当他问某个客户"如果通过整形手术，你也会变得和 ×× 明星一样帅，是否愿意做手术"时，客户可能回答："的确有变帅的可能，但是我没需求。"在销售看来，客户的现实和期望值之间有明显的差距，但客户觉得这种差距并没有造成特别大的影响，差距造成的痛苦根本不足以形成购买动机。这时如果有个演艺公司找到该客户，告诉他，如果他花 5 万元做个整形手术，可以让他担任某部电影的男一号，片酬 100 万元。在这种情况下，该客户就可能会改变主意，因为整形手术带来的价值足以打动他购买。

因此，即便是购买欲望 > 0 的增长模式和困境模式，虽然这两类客户都存在期望与现实的差距，都有购买欲望，但未必一定会采取购买行为，除非他认为你的产品或方案具备某种独特优势，或能够消除其痛点产生的影响，或带来足以打动他的价值。

## 要点回顾

本章重点探讨了"客户为什么（Why）购买"这个问题，认为现实与期望的差距带来的痛，是客户购买的欲望之源，用数学公式来表达就是："购买欲望＝期望－现实"。

当客户的期望大于现实时，购买欲望大于零，表现为有购买意愿；当客户的期望等于或小于现实时，购买欲望等于或小于零，表现为无购买意愿。无论是否有购买欲望，客户都会对现实和期望表现出某种态度，我们将这种态度称之为"反馈模式"。

基于购买欲望的差异，客户的反馈模式分为增长模式、困境模式、平衡模式和自负模式四种类型，它们可以用"如虎添翼""亡羊补牢""我行我素"和"班门弄斧"来描述。

在四种反馈模式之中，增长模式和困境模式都属于购买欲望大于零的表现，说明客户有痛苦需要消除或减轻（增长模式意味着更高的期望，当得不到满足时，也可视为一种痛苦），是销售重点关注的对象；平衡模式和自负模式分别属于购买欲望等于零和小于零的表现，说明客户无痛苦（或自我感觉无痛苦）需要消除或减轻。

"如虎添翼"模式的特点是：只要有机会比现在变得更好，客户采取行动的可能性很高，但缺点是不容易快速行动。销售的应对方法则是：尽量展示美好愿景，通过足够的证据让他相信你的方案可以让他变得"更高、更快、更强"。

"亡羊补牢"模式的特点是：只要销售的方案能有效解决其面临的问题，

客户会快速形成购买决定，但缺点是容易忽视产品和方案的优势。销售的应对方法则是：帮助客户客观分析他们的"麻烦"处境，并提出最快捷有效的解决方案。

"我行我素"和"班门弄斧"这两种反馈模式分别基于购买欲望等于零和小于零的情形，此类客户不适合作为销售的重点对象，但由于同一个人在不同时期的反馈模式会随着情境的变化而变化。对于"我行我素"模式，销售可先尝试改变其对现实或期望的认知，从而改变购买欲望；对于"班门弄斧"模式，销售应与其以柔和的方式交流，满足其"自满"情绪的释放，并耐心等待其反馈模式的变化。

总之，期望与现实之间的差距决定了客户购买欲望的大小，而购买欲望的不同决定了反馈模式的差异。销售人员在开展销售之前需要判断客户的反馈模式类型，然后针对不同反馈模式对症下药采取不同应对方式，这是销售能否取得成功的基础。当然，客户的购买欲望大于零时未必就一定会购买，除非销售能展现出产品或方案足以打动他的价值。

**练　习**

请举例说明四种反馈模式的实际场景，可以用你自己、客户或身边朋友的例子进行描述。

| 反馈模式 | 对应产品 | 现实 | 期望 |
|---|---|---|---|
| 如虎添翼 | | | |
| 亡羊补牢 | | | |
| 我行我素 | | | |
| 班门弄斧 | | | |

# 第 2 章　购买行为背后
# 藏着一座"冰山"

通过本书第 1 章的分析可知，现实与期望的差距带来的痛，是客户发生购买行为的根本原因。接下来我们将探讨第二个关键问题："**客户是如何（How）购买的？**"主要研究客户购买决策的过程及其背后的思维逻辑。

## 2.1　客户"购买冰山"解析

先来回忆一下我个人第一次"大宗"购买经历——买房。你也许会从中发现，我们生活中的很多复杂购买行为大致都有相似的步骤。当然，你去小卖店买一瓶矿泉水或去超市买菜与此不同，因为这些不属于复杂购买的范畴。

2000 年以前，我曾经租住在公司的集体单身宿舍里好几年。作为生活在中国的普通老百姓一员，我觉得个人对美好生活的向往是没有止境的。

那时我常常想："要是哪天有一套属于自己的大房子就好了。"很显然，就当时的经济条件而言，我的期望远高于现实，对房子的购买欲望很强，属于典型的"如虎添翼"反馈模式，只不过由于存在对美好生活的向往与购买力不足之间的矛盾，迟迟没有把买房提上议事日程。

2001年以后，随着我家的小孩一天天长大，加上小学入学对父母房产的要求，在全家积蓄勉强可以凑个首付的时候，我逐渐觉得买房势在必行了，主要源于以下几个方面的压力：① 如果没有自己家的房子，很难解决小孩的入学问题，而教育是我们认为的头等大事，必须重视；② 我们原来居住的房子，周边是杂乱的城中村，治安差，晚上感觉不太安全，附近还有五金加工厂，噪音大，影响睡眠；③ 从租住的房子到公交车站距离较远，上下班不方便，菜市场也离得远，买菜占用时间太多。由于以上种种问题的存在，我的反馈模式由"如虎添翼"逐渐转变为"亡羊补牢"，购买欲望变大，且日益急切，形成了强烈的购买动机。

在接下来的时间里，无论是在公交车站等车，还是在大楼里乘坐电梯，无论是看报纸，还是听广播、看电视，我都会对卖房子的广告或海报多看一眼，碰到感兴趣的楼盘再仔细研究一番，而且我周末的主要活动就是到处看房，收集周边各楼盘信息，然后进行调查、比对。

通过以上行动，我和妻子很快建立起购房的主要需求列表，包括：要有3个房间、治安良好；对口的小学在1公里范围之内且学区优良；上班通勤时间不超过45分钟；要有配套的菜市场、物业管理要好、夜晚睡觉环境要安静等。

随后，我们把之前看过的楼盘认真梳理了一遍，选出3个基本符合以上需求的楼盘进行评估。我甚至还用上了以前学过的管理决策理论，把我们认为的关键指标进行加权计算，逐项打分后计算出不同楼盘的综合评分。但是，当看中的两套房子评估结果非常相近时，我们就非常纠结，然后怀疑评估指标排序不太合理，或是某一两项指标的评分不够准确。最后，我们还是决定把学区的好坏作为第一指标，在综合评分相近的情况，以此作为最终评价标准，从而选定了我们的购买目标。

至此，我们即将进入实质性的购买签约阶段。在最后签字之前，我们却又变得焦虑起来，开始质疑此前的决定是否正确。想到要把这些年所有的积蓄都花光，还要背上一大笔银行按揭贷款，我们就担心买房后会不会有什么风险，比如：我们是否有能力持续按月交还按揭贷款？房子如果发生意外损坏甚至倒塌会不会使我们血本无归？交纳定金后是否还有机会反悔？房子的质量是否有保障？万一需要维修会不会出现诉讼？收房之后如果货不对板能不能退赔？如此等等。幸好我们遇到的销售员很有耐心，愿意站在我们的角度理解我们的想法，并通过一些证明材料和销售实例打消了我们的顾虑。当然，销售员还不忘向我们描绘一幅入住该小区后的美好生活场景，令我们心动不已。

一切看起来都符合我们的预期，但到最后关头，我妻子还是一再要求销售员在价格方面给一些折扣。虽然我们初期可能有意无意地说过，只要能买到理想的房子，价格不是最关键的问题，但是到真正签约的时候，我们都希望能够更便宜一些。当然，由于销售员已在销售过程中向我们展示了符合我们选购标准的足够优势，通过观察之后笃定地认为我们会购买，所以最终我们还是在没有拿到额外折扣的情况下完成了签约。

从我上述的买房经历中，你也许已经感觉得到，大部分的复杂购买过程都是类似的，基本上都要经历以下三个阶段的思维过程。

第一阶段：认知性思维。客户感知自身情况和外部环境的变化，产生压力或期望，从而逐步形成购买动机。

第二阶段：发散性思维。客户开始扩展视野和思路，收集各种可能的解决方法。

第三阶段：聚敛性思维。客户在收集各种解决方案的同时逐步形成自己的购买标准，从几个符合自己认知和期望的方案中选择最优者进行购买。

上面的例子表面上展现在销售面前的也许只是我要买一套房子，但事实上我购买的思维逻辑、心路历程必然不会向销售员和盘托出。也就是说，**购买行为的背后隐藏着一座"冰山"**（如图 2.1 所示）（夏凯，2016）。下面结合我买房的例子对"购买冰山"作一个简要说明。

（1）"冰山"第一层（最底层）：潜在需求阶段，我对美好生活的向往决定了我"如虎添翼"的反馈模式，也决定了我对房子产生了潜在需求，但在外界刺激不足时，尚未引发购买动机。

（2）"冰山"第二层：目标动机阶段，由于感知到外部环境的变化（小孩长大，上学有房产要求），引发需要改变现状的情绪和欲望，从而产生购买目标和动机。

（3）"冰山"第三层：问题障碍阶段，主要是明确需要解决的问题或障碍，如小孩就近入学、安全、噪音污染、交通便利性等。

**图 2.1　购买行为背后隐藏的"冰山"**

（4）"冰山"第四层：具体需求阶段，结合自己要解决的问题或障碍，提出具体需求和标准，如要有 3 个房间、治安好、学校近且学区好、通勤时间不超过 45 分钟、配套菜市场、夜晚安静等。

（5）"冰山"第五层：产品方案阶段，此时把几个符合需求的方案放在一起进行对比、评估，从而挑选出最满意的那套房子进行购买。

（6）"冰山"第六层（最顶层）：清晰愿景阶段，是购买后达到的愿景，是满足期望之后的一种状态，此时已消除（或减少）了购买前期望与现实之间的差距，因此相对于购买前来说，实现了"更加美好的生活"。

"购买冰山"的以上六层正好是客户发生采购行为的六个步骤。我们从图 2.1 可以清楚地看到，冰山的第 1~4 层全部隐藏在客户的内心这个"海平面"以下，销售如果不去探究，就不可能洞察并识别出来。如果无法探究到"海平面"以下的冰山，客户真正想要购买的产品或方案究竟应该长成什么样子，销售就无从知晓。这种情况下销售贸然向客户进行方案推荐，其成功率会有多大是可想而知的。

我们可以回想一下，当我们曾经接到这样一些推销电话时，产生过什么样的反应？

▷▷ "先生（小姐）：您好！我们近期在万博商圈推出一手复式公寓，单价不到 2 万元，请问您有兴趣了解一下吗？"

▷▷ "先生（小姐）：您好！请问您需要贷款吗？免抵押 30 万元以上哦。"

▷▷ "先生（小姐）：您好！Gold Kid 婴幼儿早教需要了解一下吗？我们采用全英式教学，一个班配 3 个老师，其中还有一个外教哦。"

▷▷ ……

看到上面这些推销话术，你是不是有一种似曾相识的感觉？而真正接到这样的电话时，你又是不是 99% 以上都不会继续听下去呢？

我清楚地记得有好几次在小区外面散步时，被儿童早教机构的销售员拽着，听他们喋喋不休地介绍儿童早教班的各种特色教学模式，而当时我的孩子已经在上大学了。我还记得每次陪太太逛商场时，售货员拿出多个款式的衣服在我面前说："先生，这件衣服很适合你的气质，要不要试一下？"而我当时不但没任何心动，还感觉非常厌烦。

是的，对方既不知道你是否有购买动机，也不知道你是否要解决什么问题，还不知道你有什么具体需求和期望，更不知道你有什么采购标准，此时他（她）推销任何东西对你来说都很难打动你内心的"冰山"，成交的概率必然是极低的。

## 2.2 客户购买决策模型

在此，我们把"购买冰山"模型与前面介绍的复杂购买过程的三阶段思维模式结合起来，可以将客户购买决策过程表述为图 2.2 所示（罗伯特·米勒、史蒂芬·海曼、泰德·图勒加，2017）。

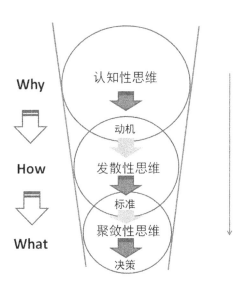

**图 2.2 客户购买的决策过程**

从图 2.2 可以看出，客户的购买决策是从"Why"到"How"再到"What"的过程。

第一步是"Why"：对应"购买冰山"最底下 1~2 层。客户初期处于潜在需求阶段，当感知自身情况和外部环境的变化（即导致其痛苦的原因）之后，产生某种压力或期望，逐步引发购买动机，形成"增长"或"困境"反馈模式。

第二步是"How"：对应"购买冰山"第 3 层。客户逐步明确需要解决哪些问题（即消除其痛苦根源带来的影响），从而使自己的购买标准慢慢变得清晰。

第三步是"What"：对应"购买冰山"第 4~6 层。客户在收集各种解决方案的同时逐步明确自己的购买标准和具体需求，从若干个符合自己认知和期望的方案中择优购买。

通过以上分析，我们摸清了客户购买的决策思维过程，那么，有效的销售到底该如何开展、遵循怎样的流程？如何才能提高销售的成功率和销售效率呢？还是那句话：**销售的问题要在购买中寻找答案**。最有效的销售流程应该是以客户为驱动的，也就是按照客户的购买流程来规划的销售流程，它必须是和购买流程保持一致的步骤，并与客户站在同一立场。

## 2.3 基于"购买冰山"和决策模型的销售流程

根据客户"购买冰山"和决策过程模型，我们可以推导出有效的销售流程一般包括如下步骤：

（1）发掘和洞察具备潜在需求的客户，并摸清客户的基本信息；

（2）探寻潜在客户对现状的认知和对未来的期望，挖掘客户的痛点，找出其购买的真正目的和动机；

（3）询问客户目前亟须解决的问题或障碍，以及这些问题或障碍带来的影响；

（4）了解客户的具体需求和标准；

（5）根据客户的具体需求和标准设计并呈现方案，描述该方案在解决客户的问题与障碍，满足客户的需求和标准方面具有哪些优势、带来哪些价值，并提供适当的证明；

（6）向客户展示购买后清晰的愿景，描述方案满足客户期望后的美好画面；

（7）消除客户可能的顾虑，帮助其通过采购解决存在的问题或实现新的价值，完成签约。

以上销售流程将在后续的章节中进行更系统的论述，在此不详细展开。

总之，有效的销售流程是基于客户驱动的，销售人员最关键的任务就是站在客户的立场，帮助他去做他想做的事——"离苦得乐"并实现某种价值，而不是推着他去购买。

本章重点探讨了"客户是如何（How）购买的"这个问题，通过一次买房过程的情景回放，分析了客户购买一般要经历认知性思维、发散性思维和聚敛性思维三个阶段，论证了复杂购买行为的背后隐藏着一座"冰山"。这座"购买冰山"分为六层，从底向上分别是潜在需求、目标动机、问题障碍、具体需求、产品方案和清晰愿景六个阶段，正好对应客户采购行为的六个步骤。

在"购买冰山"模型中，第1~4层全部隐藏在客户的内心这个"海平面"以下，是复杂销售中需要必须探究清楚的部分，否则销售成功率会极低。

对于复杂销售来说，最有效的销售流程是按照客户的购买流程来规划的，必须和购买流程保持一致的步骤，并与客户站在同一立场，帮助他"离苦得乐"，实现价值。

**练习**

请你回忆自己以往的一次大件商品购买经历，分别描述"冰山"模型各阶段情况，体会购买逻辑的思考和行动过程。

| 阶段 | 你的思考和行动 | 销售所做的动作 |
| --- | --- | --- |
| 潜在需求 | | |
| 目标动机 | | |
| 问题障碍 | | |
| 具体需求 | | |
| 产品方案 | | |
| 清晰愿景 | | |

# 第 3 章　客户购买的是能力
# 而不是产品

我们在本书第 2 章借助"冰山"模型剖析了"客户是如何（How）购买的"这个问题，接下来我们将着重探讨购买逻辑中的第三个关键问题："**客户购买的是什么（What）？**"

## 3.1　客户购买的实质是解决问题的能力

作为销售，我们经常思考的是"究竟应该卖什么产品或方案给客户"。然而，客户真的是需要我们的产品吗？

这里我还以买房来举例。试想，假设市场上有一些公司可以提供一套符合我要求的房子：3 室 2 厅、环境优良、物业管理规范、生活便利、小孩免费入读优质学校，且该房子可以由客户任意长期租住，租金不及按揭月供的一半，在房价不出现暴涨的情况下，我还会那么执着地去买一套类似的房子吗？显然未必。也就是说，只要能够有效解决当下面临的问题或实现心目中更高的期望，客户通常会选择更加经济的购买方式。

记得我在读大学的时候，很多同学都会买一辆二手自行车代步，因为校园比较大，从宿舍到教室、图书馆、食堂都有一定距离，自行车的确能提供很大的便利。但是，买了自行车的同学也有一个很大的烦恼——车子很容易被偷，一旦被偷了，至少一个月的伙食费就没了。对于穷学生来说，这的确是一件烦心的事。到我儿子读大学的时候，共享单车开始流行，他和他的同学们再也不用操心"私家车"被偷了，因为大部分学生都使用共享单车代步了。所以，当你以为大学生需要买自行车的时候，他们实际上买的不是自行车，而是可以在校园周边廉价代步的一种手段和能力，如此而已。

再来看看近十年来手机的发展变迁。随着移动互联网的普及，手机逐渐替代（或部分替代）了人们以前常用的一系列商品，包括固定电话机、手表、收音机、录音机（笔）、手电筒、镜子、MP3/MP4播放机、对讲机、照相机（高端专业相机除外）、字典、汽车导航仪、电视机、普通手持游戏机、报纸、钱包、银行普通柜员、台历挂历……之所以会出现这种替代，就是因为手机上叠加了上述商品所具备的能力。人们如果单独购买这些产品，不但要付出大量的额外费用，使用的方便性还不如一台手机。近来有科学家预测，随着5G技术、人工智能、可穿戴设备等技术的发展和应用推广，在不久的将来，手机被其他智能设备取代的可能性也在逐步变大。还有专家预言，新能源汽车将在2020年实现量产，无人驾驶汽车将在2030年实现量产，必将对传统汽车市场造成一定程度的冲击和侵蚀。以上种种案例的发生都是因为**客户购买的是实现某种目标、解决某些问题的手段和能力，而非产品本身**。

著名经济学家吴晓波曾说："我们如今面对的是一个跨界竞争的社会。"比如，做速冻水饺的竞争对手可能不是同行，而是电商平台（如饿了吗、美团），因为手机点餐更方便了，速冻水饺就没人愿意吃了。手机短信的竞争对手不是电信运营商，而是微信，因为在大流量的支持下，微信发送信息变成免费了。凡此种种，都是因为客户在能够获取相同手段与能力的情况下，自然而然会做出更加物美价廉的选择。

我们甚至可以说，从来没有人买过任何产品！站在销售的角度看，所谓产品不过是解决客户问题的一大堆能力的集合。销售的任务则是把这些集成到一起的东西针对客户关心的问题一一拆给他看。客户购买的是解决问题的方法和能力，而不是那个叫作"产品"的东西。

## 3.2　销售的责任是帮助客户一起购买

另外，我们在本书第 2 章也谈到，客户的购买行为背后隐藏着一座"冰山"。这座"冰山"从底向上分为六层，依次是潜在需求、目标动机、问题障碍、具体需求、产品方案和清晰愿景。当你不知道客户想买什么之前，你永远都不会知道你能卖什么！因为客户是基于能解决自己哪些问题和障碍、能达到哪些标准和能力来决定购买的，销售对客户的目标动机、能力要求了解得越详细、越清楚，就越知道卖什么。

因此，销售的使命就是帮助客户解决问题、带来价值，而不是以自我为中心向客户推销产品。"不能为客户解决问题的销售都是耍流氓。"**销售不是单纯地卖，而是帮助客户一起购买**。当你从客户的业务情境出发，真正关心客户所关心的能力，并让客户感觉你是在真诚帮助他实现这些能力的时候，你会发现，客户把你当成了他们购买组织中的一员，你和客户之间形成了一个利益共同体，你在帮助客户解决问题，客户也在帮助你达成销售业绩。

接下来我们看一个真实的销售场景。

现在经常有媒体曝出幼儿园教师在上课时打骂孩子的负面新闻，导致家长对于幼儿园的教学质量和学生安全产生担忧，影响了幼儿园的声誉和生源，但是幼儿园领导分身乏术，不可能同时去各个教室查看情况。为此，园长很着急，希望能找到一种办法解决这个问题，提升家长对幼儿园的信任。

有一位销售经过走访调研之后对园长说："针对目前家长担心的问题，您只要在手机上打开一个软件，就能实时了解每个教师的上课情况，预防和及时制止教师打骂孩子的行为。如果家长也开通这个软件，同样可以通过手机实时了解孩子在幼儿园的情况，感受到幼儿园优异的教学质量、对孩子负责任的态度以及对安全的重视，家长就会放心把孩子交给学校，园方与家长也可以建立稳固的关系，增强互信。如果这样的话，可以减少或杜绝教师打骂孩子的行为，避免负面新闻，增强家长对幼儿园的信心，提升口碑，提高孩子和家长对幼儿园的满意度，稳定老生，增加新的生源。您觉得，这样对您有帮助吗？"

于是，园长很快被销售的话语打动了，说："这就是我希望的效果啊！

到底是什么样的软件可以做到这样？我们怎么能买到这样的软件呢？"

从上面的情境我们可以发现，销售自始至终都没有向园长宣称过该公司的产品如何如何、有多少奇特的功能，更没有向园长推荐有什么优惠，甚至没有告诉园长卖的是什么产品（实际上是某电信运营商推出的"宝宝在线"远程视频监控产品）。但是，由于他提前了解了客户面临的问题和障碍，清楚由此给客户带来的痛苦，从而很好地把握了客户解决这些问题需要具备的手段和能力，随后他站在客户的业务情境中，给客户提出了一套解决问题的简洁方法，并清晰地描绘出问题解决后的美好愿景，得到了客户的高度认同，并引发了客户强烈的购买冲动。

由此可见，客户关心的不是产品本身，真正关心的是你有什么手段和能力帮助他摆脱困境，离苦得乐。客户购买的也不是你的产品，而是你帮助他解决问题的能力。作为销售，只有跳出产品推销的传统 套路，以客户视角为其提供消除痛苦、实现期望的手段与能力，帮助客户一起购买，才能抓住销售的本质，走向成功。

## 要点回顾

本章探讨了"客户购买的是什么（What）"这个问题，在解读了一些常见案例的基础上，着重指出：客户购买的是实现某种目标、解决某些问题的手段和能力，而不是单纯的一个产品。站在销售的角度看，所谓产品，不过是解决客户问题的一大堆能力的集合。

我们通过一个真实的销售场景，验证了客户关心的不是产品本身，真正关心的是销售有什么手段和能力帮助他摆脱困境，离苦得乐。

作为销售，需要跳出产品推销的传统套路，以客户视角为其提供消除痛苦、实现期望的手段与能力，帮助客户一起购买。

**练 习**

请你举出 1~2 个例子，说明客户购买的主要能力是什么，可能替代的方案（或商业模式）有哪些。

| 客户 | 现有产品 | 主要能力 | 可替代方案 |
|---|---|---|---|
|  |  |  |  |
|  |  |  |  |
|  |  |  |  |

# 第4章 源于购买逻辑的 "赢单四式" 销售模型

　　众所周知，有购买才有销售。为了寻找到有效的销售方法和路径，我们在前三章中先后探讨了客户"为什么买（Why）""怎么买（How）"和"买什么（What）"这三个问题，分析出客户购买的基本逻辑如下：

　　（1）现实与期望的差距带来的痛，是客户购买之源，可用公式表达为"购买欲望 = 期望 − 现实"；

　　（2）客户购买的真正动因是离苦得乐，本质是消除或减少痛苦；

　　（3）无论是否有购买意愿，客户都会对现实和期望表现出某种态度，我们称之为反馈模式；

　　（4）反馈模式分为四种类型，分别为增长模式、困境模式、平衡模式和自负模式，它们之间可以相互转化；

　　（5）增长模式和困境模式都是购买欲望大于零的表现，这两类客户是销售的重点对象；

（6）客户的购买行为背后隐藏着一座"冰山"，分为潜在需求、目标动机、问题障碍、具体需求、产品方案和清晰愿景六个层次，对应客户购买逻辑的六个步骤；

（7）有效的销售流程是按照客户的购买流程来规划的，必须和购买流程保持一致的步骤，并与客户站在同一立场；

（8）客户购买的是实现某种目标、解决某些问题的手段和能力，而不是产品本身。

同时，我们在第2章中还根据客户"购买冰山"模型推导出销售流程的一些基本步骤如下：

（1）发掘和洞察具备潜在需求的客户，并摸清客户的基本信息；

（2）探寻潜在客户对现状的认知和对未来的期望，挖掘客户的痛点，找出其购买的真正目的和动机；

（3）询问客户目前亟须解决的问题或障碍，以及这些问题或障碍带来的影响；

（4）了解客户的具体需求和标准；

（5）根据客户的具体需求和标准设计并呈现方案，描述该方案在解决客户的问题与障碍、满足客户的需求和标准方面具有哪些优势，并提供适当的证明；

（6）向客户展示购买后清晰的愿景，描述方案满足客户期望后的美好画面；

（7）打消客户可能的顾虑，帮助其通过采购解决存在的问题或实现新的价值，完成签约。

在上述步骤中，如果对具有逻辑共性的流程动作进行归纳，我们可以将第（1）步看作是销售之前的准备工作；第（2）~（4）步看作是销售拜访时要完成的重点任务，主要是掌握客户的痛点及其概念；第（5）~（6）步看作是拜访完毕和后续跟进中的方案与优势呈现环节；第（7）步看作是成交签约阶段的动作要求。由此我们形成如图 4.1 所示的销售模型，简称"赢单四式"。

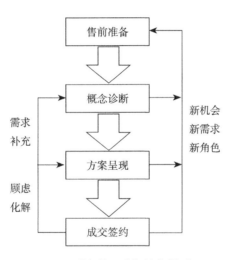

**图 4.1　"赢单四式"销售模型**

需要特别说明的是，本书论述的 B2B 销售方法主要针对面向中小商业客户的解决方案式销售，既不是为了销售那些简单、标准化的产品——此类产品在功能明确的前提下采取短平快的"功能对比"和"价格对比"销售套路即可，也不是为了向大客户开展采购标的明确的项目销售——此类项目通常采取公开招标、竞争性谈判或单一来源采购等形式进行，销售策略相对更为复杂，需要综合运用销售罗盘、信任五环等大客户销售的多种技巧。但是，就销售拜访的方法而言，"赢单四式"既适合中小商业客户销售，也可作为大客户销售的参考。

当然，实际的销售过程远不止这些步骤，也不能教条化按顺序完成就万事大吉了，还需要配合一些其他必要的逻辑性销售动作才能完成，而且在执行过程中会存在某些步骤的反复、循环运用，需根据销售进程的实际进展和客户的反馈来进行调整。

下面我们对"赢单四式"销售模型进行简要说明，详细的步骤和动作分解将在后续的章节中一一展开。

# 4.1　售前准备

古语云："预则立，不预则废。"如果把销售看作是一场战役，绝不能打无准备之仗。《孙子兵法》云："知己知彼，百战不殆。"开展售前准备的目的是在出战之前做好作战预案，做到知彼知己，以利于在作战过程中从容、有效地应对可能出现的局面和变化，达到预期的销售目的。

作为销售赢单的第一式，售前准备至少包括以下四个方面的工作。

（1）建立客户画像：在发掘和洞察具备潜在需求的客户后，首先摸清客户的基本信息，如客户背景、内部运营、外部关系、购买决策关键人等情况，以便在销售过程中从客户的业务场景切入，让客户感觉你了解他、关心他，从而建立初步的信任。

（2）预判客户概念：通过事先对客户画像的研究，结合类似客户的销售经验和以往的销售案例，对客户的概念进行预判。所谓客户概念，即客户的认知（面向现状）和期望（面向未来），实际上就是初步判断客户的购买欲望、反馈模式，并对客户可能存在的痛苦进行一定程度的探索。

（3）设定拜访目标：为使销售过程的每一次拜访都做到心中有数，拜访成果扎实有效，需要在销售拜访前设定一个拜访目标。只有让每次拜访都实现一个小目标、上一个小台阶，才能在多次拜访之后实现一个大目标——成交签约。

（4）制定约见理由：为了让客户愿意并愉快地与销售见面，需要制定有效约见理由，使后续的销售拜访过程可以在双方相互信任的基础上有效地推进。

当完成上述准备工作之后，销售就可以和客户预约拜访了。只要准备充分，客户很难拒绝一个如此专业的销售去与他见面、交流。接下来就是进入实质性的销售拜访环节。

## 4.2　概念诊断

我们在探讨客户购买逻辑的三个问题中讲到，销售的使命就是帮助客户解决问题、带来价值，从客户的业务情境出发，对客户的目标动机、能力要求了解得越详细、越清楚，就越知道卖什么。因此销售拜访的主要目的就是针对客户的概念进行诊断，以便针对客户痛苦的症状开出有效的药方。

作为销售赢单的第二式，我们在概念诊断环节从挖掘客户痛点入手，重点介绍客户概念诊断的九宫格方法，具体包括了解感知问原因、探寻感受问影响、征询期望问能力三大步骤，分别针对客户概念的 Why、How、What 三条脉络，采用开放式、引导式、确认式三类问题，全面掌握客户的认知和期望，挖掘出客户的痛点，找到其痛苦产生的根源和影响，了解客户的具体需求、标准及解决其痛苦需要的能力，从而为后续呈现方案和优势找准方向，达到一击即中的效果。此外，作为销售拜访的核心目标，每一次拜访都应该获得一个客户的行动承诺，而获得承诺的方法也在这一环节进行了阐述。

## 4.3　方案呈现

我们通过本书第 3 章的分析得知，客户购买的不是单纯的产品，而是实现目标、解决问题的手段和能力。站在销售的角度看，所谓产品，不过是解决客户问题的一大堆能力的集合。如果说，售前准备和销售拜访是为了让客户感受到真诚和关切的话，那么方案呈现环节则是让客户真正感受到你帮助他解决问题的专业实力，使客户对你的初始信任过渡到忠实信任。

因此，作为销售赢单的第三式，能力呈现是获得客户忠实信任的关键步骤。消费心理学研究表明，客户的购买行为是由理性思考和感性决策交替进行、共同推动的，通常情况下，理性思考的成分占 80%，感性决策的成分占 20%。销售有责任创造客户的购买冲动，但是当客户决定购买但未签约时，必须及时给他足够的逻辑支撑，如价值分析、成功案例等。否则，客户反悔的可能性很大，有无数销售案例都是在最后一秒被客户改变了结果，就是由于感性的冲动来得快，去得也可能很快。

因此，方案呈现环节需重点做好三件事。

（1）呈现能力突出优势：根据客户的具体需求和标准设计并呈现方案，描述该方案在解决客户的问题与障碍、满足客户的需求和标准方面具有哪些优势，并提供适当的证明，目的是给客户看到方案满足需求、解决问题的能力，让客户感受到与其概念高度关联的差异优势所在。

（2）呈现价值打动购买：针对具体方案提供量化的价值分析报告、成功案例等材料以及非量化的隐性价值分析报告，给客户足够的逻辑支撑，帮助客户理性做出判断，验证其购买决策的正确性。

（3）呈现愿景助推决策：客户购买普遍遵循"理性分析、感性决策"规律，当产品或方案能为客户提供解决问题的差异化能力，并为其带来足够的价值时，最后的临门一脚是通过愿景的呈现来创造客户的购买冲动。此时，销售的使命是展现出解决问题、消除痛苦之后的美好愿景，推动客户感性地做出购买决策。

## 4.4　成交签约

随着销售进程的发展，当客户认可方案之后，可能还会产生一些顾虑，如方案实施中存在的风险、对质量保障的担忧以及对关键人个人价值的影响等。因此，在成交签约阶段，销售需要采取一定的措施化解客户顾虑，主要是综合运用太极推手和概念诊断方法，帮助客户顺利做出购买决策，实现签约，最终完成销售赢单的第四式。

需要特别说明的是，在"赢单四式"销售模型的实操过程中，会存在某些步骤的反复、循环运用，需根据销售进程的实际进展和客户的反馈来进行调整。例如，无论是在概念诊断、方案呈现，还是成交签约阶段，如果遇到某些新机会、新需求、新角色的出现，都有可能回到售前准备阶段，开始新一轮的销售循环；在到达方案呈现阶段后，如果客户要求对方案进行重新修改完善，并在下一次拜访中进行演示、证明或确认，则可能回到概念诊断环节；在到达成交签约阶段后，如果客户的顾虑未完全消除，则有可能需要针对顾虑进行专门的沟通，从而回到方案呈现环节，也有可能需要把顾虑作为客户的一个新的概念来探索，回到概念诊断环节进行重新沟通。

　　针对以上多种不同情形，我们在"赢单四式"销售模型基础上形成一个完整的销售逻辑，如图 4.2 所示。后续我们主要针对"赢单四式"的核心步骤展开论述，支路环节仅在必要时作简要说明。

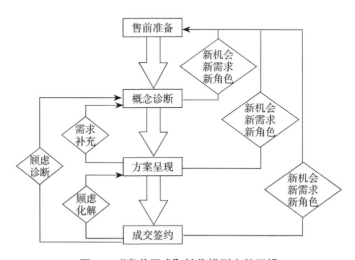

**图 4.2 "赢单四式"销售模型完整逻辑**

## 要点回顾

本章通过对客户购买逻辑的总结以及对"购买冰山"模型推导出来的销售流程步骤的解析,归纳出"赢单四式"销售模型,奠定了本书的基本理论框架。

基于"赢单四式"销售模型,我们对售前准备、概念诊断、方案呈现和成交签约四个阶段的核心内容进行了简要介绍,重点阐述了各阶段动作的目的和主要逻辑关系。

最后,根据销售进程中各阶段可能出现反复和循环运用的情况,我们对"赢单四式"销售模型进行了增补完善,搭建出了一个完整的 B2B 销售逻辑。我们将在后面的章节中进行全面的论证和阐述。

# 第二篇

---
---
---

# 从概念到目标——售前准备

售前准备的目的是在客户拜访之前做好销售预案，做到知彼知己，从容高效地推进销售目标的实现。

本篇基于客户视角和业务情境理念，对售前准备的四大任务进行了详细论述。为帮助记忆，我们可将四大任务归纳为"一图一表"（客户画像贝壳图、客户概念内核表）和"一见一诺"（有效约见理由、客户行动承诺）。

# 第 5 章 客户画像贝壳图

前文已经谈到，售前准备的目的是在销售拜访之前做好作战预案，做到知彼知己，以利于在作战过程中从容、有效地应对可能出现的局面和变化，达到预期的销售目标。本章重点介绍售前准备的第一项任务——建立客户画像。

## 5.1 客户画像贝壳图的构成

传统的销售理论经常向销售人员传递一个理念：勤能补拙。如果你销售能力不足，多跑客户，勤于和客户搞好关系，赢单的机会总会更多。有些销售管理者甚至鼓励销售人员"哪怕有 1% 的机会，也要用 100% 的努力去争取"。对此，我完全不敢苟同。首先，勤奋不一定代表成功，只有基于有效方法之上的勤奋才能使人成功。任何销售人员的时间和精力都是有限的，"好钢要用在刀刃上"才会有好的效果。销售管理中过分强调客户拜访的次数和频率是不可取的，只有高质量的销售拜访才值得推崇。如果 100 次销售拜访中只有 1 次是有效的，倒不如 10 次拜访中 5 次有效来得有价值，而且这样既能节约客户的时间，也节约了销售自己的时间。因此，销售的成功来源于对每一个客户的理解和认识，而不是来源于拜访客户的次数。

我们主张基于客户的购买逻辑来设计销售流程，其核心理念就是：彻底摒弃传统的产品推销模式，以"客户视角"取代"自我中心主义"、以客户的"业务情境切入"取代"关注企业自身产品"、以"客户化语言沟通"取代"强调业务功能和使用方法"。

要贯彻上述理念，销售之前必须对客户信息有一个全面的了解和掌握，以便销售一开始就能从业务场景切入，让客户感觉你了解他、关心他，从而建立初步的信任。俗话说："千言万语不及一张图。"要清晰和逻辑化地表达客户的综合信息，最有效的方法就是进行"客户画像"。常见的客户画像结构包括四大要素：背景信息（Background Information）、外部环境（External Environment）、内部组织（Internal Organization）和关键人（Key Person），提取它们的首字母，可简称为"BEIK 模型"，若用图形来表示则如图 5.1，我们称之为"客户画像贝壳图"（因客户画像的形状与张开的贝壳相像，同时"BEIK"的发音也与"贝壳"相同）或"备客图"（意即为拜访客户而准备的图）。

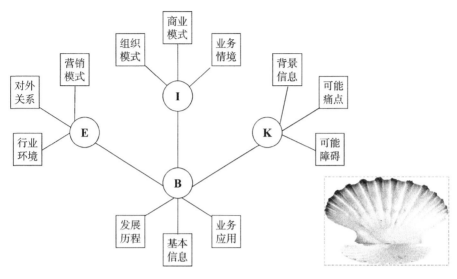

图 5.1　客户画像贝壳图

下面我们对客户画像贝壳图的内容构成和目的进行详细说明。

（1）背景信息（Background Information）：主要描述客户的发展历程、基本信息、业务应用等信息，销售拜访时可借此表达对客户的关心，创造激发客户共鸣的切入话题。其中，发展历程包括过去、现在和未来的情况；基本信息包括主营业务领域、营业收入规模、分支机构数量和分布、职员人数和结构等；业务应用包括客户对我公司及主要竞争对手业务的使用情况等。

（2）外部环境（External Environment）：主要描述客户的行业环境、对外关系和营销模式等信息，以此来了解外部环境对客户的挑战和机会，同时探索客户与外部机构互动过程中可能产生的商机。其中，行业环境包括市场空间、竞争格局、产业政策等；对外关系包括供应商、合作伙伴、行业协会、监管机构等；营销模式包括客户来源、类型及其结构、营销渠道等。

（3）内部组织（Internal Organization）：主要描述客户的组织模式、商业模式和业务情境等信息，通过组织模式信息来探索客户的组织与决策模式，从而便于选择购买决策影响力较大的关键人开展销售，通过商业模式和业务情境来预判可能的商机及关键人的痛点与障碍。其中，组织模式包括组织架构、决策流程和关键人等情况；商业模式包括核心竞争力、盈利模式和影响盈利的主要因素等；业务情境包括宣传广告、销售服务、客户关系管理、外勤管理、内部管理、安全监控、供应链管理、仓储物流、客户服务等诸多内容，需要根据客户类型的不同选择性收集和整理。

（4）关键人（Key Person）：主要描述客户若干关键人（视实际情况和需要而定）的背景信息、可能痛点和可能障碍等信息，借此对销售拜访时可能需要使用到的引导性问题进行预判、模拟，提高拜访效率，达到更好的拜访效果。其中，背景信息包括出身、经历、教育背景、爱好、职位、决策影响力、上下级关系、内外部关系网络、对我公司及竞争对手的关系倾向等；可能痛点包括对公、对私两方面；可能障碍包括对我公司的成见、与竞争对手关系密切、计较成本、预算不足等，需要视实际情况进行具体观察和分析。

## 5.2　客户画像的信息来源

那么，客户画像包含的信息如此丰富，信息来源如何解决？毫无疑问，这些信息必须依靠销售人员自己来收集、甄别、整理、归类、积累，除非公司为你专门配备了秘书。当然，如果有人愿意帮助你做这些工作，这一定是你令人羡慕的才能。

幸运的是，我们处在一个信息网络高度发达的商业社会，获取信息的渠道比过去丰富多了。通常来说，以下都是一些不错的选择。

▶▶ 客户的官方网站、微信公众号：浏览官方网站和公众号可以让你充分了解客户的目前状况，例如发展历程、业务领域、营收规模、分支机构状况、合作伙伴、最近新闻等，如果是上市公司，还有可能获得组织架构、投资者关系、职员人数、董事会及管理层构成和简历等。如果运气好的话，有些非上市公司也会在官网上列出这些信息。事实上，当信息不够全面时，你如果能提及该公司最近的一些新闻信息，客户都能感觉到你很关心、很在乎他们，提升对你的信任感。

▶▶ 公司内部信息系统：对于那些现有客户，公司的客户关系管理、业务管理、账务管理等系统中可能有很多可用信息，如客户的业务订购信息、业务量使用情况、消费信息等。

▶▶ 新闻资料库、电子报、行业期刊、行业协会网站：浏览此类信息可以让你了解行业环境、市场状况、竞争格局、产业政策、供应链、监管机构等信息，有时候你甚至可以从中推测出其客户来源和类型、营销渠道等信息。

▶▶ 公司年报：如果是上市公司，年报是获取信息的重要途径，你可以从董事长信函、新闻稿、年报附函等内容之中看到该公司未来一年甚至几年的发展方向。

▸▸ 股票软件：如果是上市公司，你还可以在股票软件里把该公司设为自选股，时刻关注和获取公司新闻、公告、简况、财务状况、研报等内容。

▸▸ 人际网络：有条件的情况下，你可以在客户内部发展线人、Coach等关系（大项目销售尤其需要),也可以借助亲戚、朋友、同学、同事、老乡、战友等关系，找到客户内部的某些关键人信息，甚至直接建立联系。

根据"六度分隔理论"，世界上任何互不相识的两个人，只需要6步就可以建立联系。哈佛大学坦利·米尔格拉姆教授在1967年就通过实验对此进行了证明。脸书（Facebook）团队在2016年通过对15.9亿使用者的资料研究发现："在如此海量的人群中，任意两个人之间关联的他人间隔数为3.57人，如果仅考虑美国使用者的话，这个数字为3.46人。"

随着众多社交媒体（如QQ、微信、钉钉等）的普及，作为销售，与客户关键人建立联系的方式越来越多、越来越方便，只要用心获取，一定可以获得大量的客户画像信息。当然，再广泛的关系网络也不一定能获取到客户的所有信息，销售没有必要花费大量的精力在搜寻细枝末节的信息上面，万一信息不全，可以在贝壳图上暂时标明"？"，待有机会的时候再进行补充，因为这并不会影响基本的营销执行。

客户画像贝壳图是做好客户深度经营的基础，销售每一次拜访客户都是完善贝壳图的最佳机会，哪怕只是去给客户送一张账单或发票，也要抓住时机获取信息，增强对客户的了解和互信。销售在拜访客户前，应该把想要向客户当面询问或求证的有关客户画像信息的问题准备好，以便在拜访现场择机提问，以完善和丰富客户画像贝壳图的内容。

## 5.3　客户画像贝壳图的制作方法

在制作客户画像贝壳图时，我们推荐使用"思维导图"（Mind Line）工具来绘制。它是一个计算机软件，当我们画好一个客户的贝壳图之后，其他的客户画像可以此作为模板进行复制、修改，提高制作的效率，而且非常易于保存、积累案例，以供后续为其他客户画像时参考使用。当我们此后遇到同类客户的时候，也方便快速完成一幅新的贝壳图。图 5.2 给出了一个某电信运营商的销售人员使用思维导图工具绘制的客户画像贝壳图的例子，供读者参考。

当然，有些销售擅长手绘，画出来的贝壳图（如图 5.3 给出的例子）很文艺的样子，看起来的确也不错。这种客户画像不利于保存和复制，需要修改或增补内容的时候也会有一些难度，但我们并不反对这样做。只要你喜欢，没什么不好。

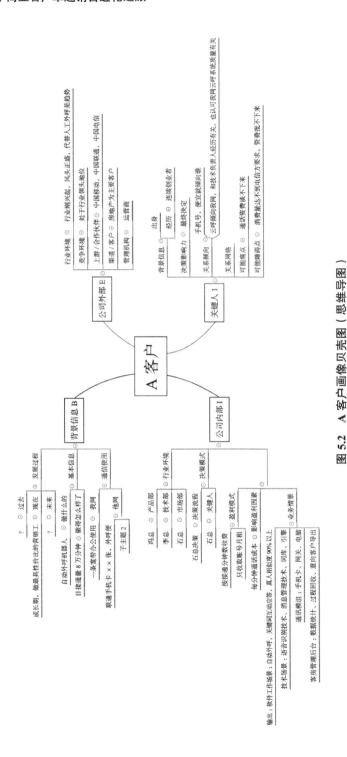

图 5.2　A 客户画像贝壳图（思维导图）

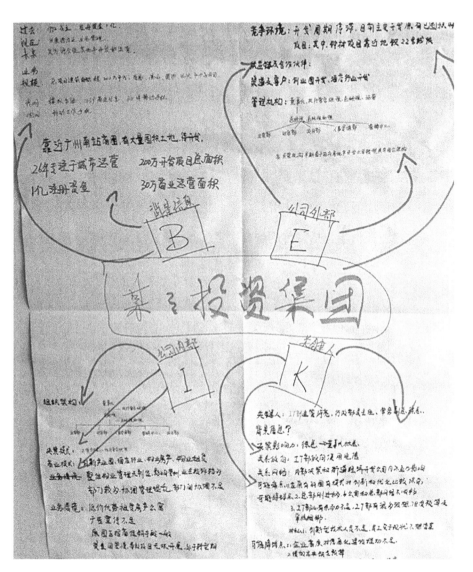

图 5.3　客户画像贝壳图（手绘版示例）

# 5.4 客户画像的核心信息提示

在客户画像贝壳图中，除了常用来引发话题的信息（如公司新闻、业务状况、竞争形势等）之外，有两个方面的信息特别重要：一是内部组织（I）中的业务情境；二是关键人（K）中的可能痛点。前者是销售与客户拉近距离、建立信任的重要切入点；后者是探寻客户购买欲望、动机及期望获取的解决问题能力的关键点。下面把它们提取出来专题探讨。

首先，业务情境包括宣传广告、销售服务、客户关系管理、外勤管理、内部管理、安全监控、供应链管理、仓储物流、客户服务等诸多领域，销售在做客户画像时，需根据客户类型的不同选择性收集和整理。例如，假设客户是一家商贸企业，需重点关注广告宣传、销售管理、进销存管理、客户关系管理、客户服务等信息；假设客户是一家制造企业，需重点关注供应链管理、生产管理、员工管理等信息；假设客户是一家科技企业，需重点关注研发管理、知识管理、内部协作、信息化运营等信息。

其次，结合业务情境，我们**可以把客户可能的痛点（或期望）归纳为两大类：一是降本增效；二是开源增收**。根据前文的分析，客户购买的目的归根结底都是为了"离苦得乐"，归结为需要解决的问题无外乎**"效率"**和**"效益"**两大问题。如果把客户内部主要关键人按照市场销售和运营管理两条主线进行分类，那么，市场销售线一般包含市场营销、客户销售、渠道和客户服务等相关部门的主管、负责人及公司副总级以上高层管理者，运营管理线一般包含研发、供应链、生产、物流仓储、人力资源、财务、信息化管理等相关部门的主管、负责人及公司副总级以上高层管理者（参

考客户的组织架构图可获得更精准的信息）。综上，我们在表 5.1 中按照市
场销售和运营管理两条线，把关键人可能的两类痛点问题及其具体表现进
行了初步分析，供读者参考。

表 5.1　客户的可能痛点、具体表现和人群分布

| 可能痛点 ＼ 具体表现 ＼ 人群分布 | 市场销售线：市场营销、客户销售、渠道和客户服务等领域相关管理者 | 运营管理线：研发、供应链、生产、物流、人力、财务、信息化等领域相关管理者 |
|---|---|---|
| 效益差 | √ 收入目标完成差<br>√ 销售渠道不足<br>√ 营销成本高 | √ 研发目标完成差<br>√ 生产任务完成差<br>√ 运营管理成本高 |
| 效率低 | √ 广告投放精准度低<br>√ 销售时间不足<br>√ 销售方法掌握不足<br>√ 销售管理水平低<br>√ 渠道管理手段落后<br>√ 客户投诉多 | √ 运营流程复杂<br>√ 管理层级不够扁平化<br>√ 审批环节多<br>√ 内部沟通不畅<br>√ 信息管理水平落后<br>√ 监督管控不到位 |

最后，在开展对关键人的销售前，要优先选择购买决策影响力大的高
层管理者，或在市场销售线、运营管理线有决策权或建议决策权的管理者。
如果是从基层主管人员开始销售，则需要先摸清业务情境中高层关注的重
点问题，以便后续拜访高层时能切入到高层关心的话题，提出更有价值的
解决方案，提升高层拜访的效率和成功率。

## 要点回顾

本章基于客户视角和业务情境理念，对售前准备的第一步——客户画像贝壳图的背景信息、外部环境、内部组织和关键人四大要素进行了详细论述，并给出一些信息获取的有效渠道，为销售人员提供了一套完整的客户信息结构性整理框架和收集途径。

为有效抓取客户画像贝壳图中对销售过程产生关键影响的信息，我们对业务情境和关键人的可能痛点展开了专题探讨。其中，客户的业务情境可以分解为市场销售和运营管理两条主线，客户可能的痛点（或期望）可以分解为效率和效益两类问题。此外，我们把关键人两类痛点问题在不同类型的业务情境下的具体表现进行了分析，并给出了销售对关键人的选择建议和路径。

## 练　习

1. 请选择一家实际客户，按照本章介绍的客户画像结构进行信息收集和整理（如下表所示），并制作客户画像贝壳图。

客户名称：_____　　　　　销售姓名：_____

| 背景信息<br>（B） | 发展历程 | 过去 | |
| --- | --- | --- | --- |
| | | 现在 | |
| | | 未来 | |
| | 基本信息 | 业务领域 | |
| | | 收入规模 | |
| | | 分支机构 | |
| | | 职员人数 | |
| | 业务应用 | 我公司 | |
| | | 竞争对手 | |
| 外部环境<br>（E） | 行业环境 | 市场空间 | |
| | | 竞争格局 | |
| | | 产业政策 | |
| | 对外关系 | 供应商 | |
| | | 合作伙伴 | |
| | | 行业协会 | |
| | | 监管机构 | |
| | 营销模式 | 客户来源 | |
| | | 客户类型 | |
| | | 营销渠道 | |

续表

| | | | |
|---|---|---|---|
| 内部组织<br>（I） | 组织模式 | 组织架构 | |
| | | 决策流程 | |
| | | 关键人 | |
| | 商业模式 | 核心竞争力 | |
| | | 盈利模式 | |
| | | 盈利影响因素 | |
| | 业务情境 | 宣传广告 | |
| | | 销售服务 | |
| | | 客户关系管理 | |
| | | 外勤管理 | |
| | | 内部管理 | |
| | | 安全监控 | |
| | | 供应链管理 | |
| | | 仓储物流 | |
| | | 客户服务 | |
| 关键人<br>（K） | 背景信息 | 出身 | |
| | | 经历 | |
| | | 教育背景 | |
| | | 爱好 | |
| | | 职位 | |
| | | 决策影响力 | |
| | | 上下级关系 | |
| | | 关系网络 | |
| | | 关系倾向 | |
| | 可能痛点 | 对公 | |
| | | 对私 | |
| | 可能障碍 | 对我公司成见 | |
| | | 关系密切对手 | |
| | | 成本倾向 | |
| | | 预算情况 | |
| | | 其他 | |

2.请选择一家实际客户的某个关键人，分析其可能的痛点和具体表现。

客户：_____　　部门：_____

关键人姓名：_____　　职务：_____

所属工作领域：□市场销售线　□运营管理线

可能痛点：_____

具体表现：（1）_____

　　　　　（2）_____

　　　　　（3）_____

　　　　　（4）_____

　　　　　（5）_____

　　　　　（6）_____

# 第6章 客户概念内核表

我们在分析客户"为什么购买"的时候讲到,期望与现实的差距带来的痛,是客户购买的欲望之源。要分析客户的购买动机,必然要深入探究客户对未来的期望是什么、对现状的认知又是什么。

## 6.1 客户概念的定义

在此,我们将客户的认知(面向现状)和期望(面向未来)称为客户的概念,它是客户对现在的处境、问题和障碍的认知,是希望"实现什么、解决什么、避免什么"的想法,包括其内心的感受、评价、想法和愿景等。

建立客户概念是售前准备阶段的第二项重点任务。对销售而言,如果给出的方案符合其客户的概念,客户做出购买决策的可能性大,否则很难做出购买决策。客户的概念可以用公式表达为:

客户概念 = 对现状的认知 + 对未来的期望

其中，对现状的认知由两部分组成，其一是对现状的感知，其二是对现状的感受；对未来的期望也由两部分组成，其一是对解决问题所需能力的想法，其二是问题解决后实现的愿景。因此上述公式还可以再次展开为：

对现状的认知 = 对现状的感知 + 对现状的感受

对未来的期望 = 对解决问题能力的想法 + 问题解决后实现的愿景

为便于表述，我们将文字进行适当精简，将公式表达为如下形式：

客户概念 = 认知 + 期望 =（感知 + 感受）+（想法 + 愿景）

举个例子：假设现在是 12 月的某一天，你从温暖的三亚乘飞机到达哈尔滨，刚刚落地，登上机场的摆渡车（没有暖气）。此刻，你的概念可分解如下。

你的**感知**是："天气好冷，估计气温低于零下 30°。"

你的**感受**是："浑身冰冷，寒风刺骨，身体快冻僵了，很不舒服。"

你的**想法**是："尽快到暖和的室内去，喝杯热饮料暖暖身子。"

你的**愿景**是："消除掉冰冷的感觉，身体得到恢复，将非常惬意。"

为了满足你的概念，可能的解决方案是："提供一个有暖气的屋子、一杯热茶或热咖啡。"

## 6.2　客户概念内核表的形成逻辑

在上述例子中，你的"痛苦"来源于期望得到温暖惬意的感觉，现实却因为气温极低造成了很不舒服的体验。这就是期望与现实之间的差距。可见，你的概念之中隐含着"痛苦"，这个痛苦就是突然的低温和寒风带给你的那种身体被冻僵的极其难受的感觉。

把这个例子再往下拆解，你可能会发现，你的感知（天气好冷，估计气温在零下 30 摄氏度以下）其实就是引发你的感受（浑身冰冷，寒风刺骨，身体快冻僵了，很不舒服）的**原因**，你的感受恰恰是那个原因给你造成的**影响**，而你的想法正是你认为解决目前问题需要的**能力**（尽快到暖和的室内去，喝杯热饮料暖暖身子），对应关系为：

感知——原因（Reason）

感受——影响（Influence）

想法——能力（Capability）

我们回到销售的本质来分析：既然销售要遵循客户的购买逻辑，购买的动机源于客户的痛苦，痛苦又隐藏在客户的概念之中，那么，通过对客户概念的深入研究就一定能找到销售成功的秘诀！

再进一步分析：原因代表的问题是 Why，影响代表的问题是 How，能力代表的问题是 What。销售只要弄清楚"当下"客户概念中的 Why、How 和 What 这三个问题，提出解决这三个问题的解决方案，那么客户的期望就能够得到满足，由于客户的痛苦而产生的影响就能消除（或降低），对应客户感知到对现状的不满就能改变，其愿景就可以实现，他做出购买决策也就顺理成章了。因此，客户概念与三大问题的对应关系如下：

感知——原因（Reason）——Why

感受——影响（Influence）——How

想法——能力（Capability）——What

我们仍沿用上面的例子，整理成一个概念表，包含原因、影响和能力三个元素，对应 Why、How 和 What 三个问题，如表 6.1 所示。

表 6.1  概念表

| 痛苦：身体被冻僵的难受的感觉 | | |
|---|---|---|
| 原因（Reason） | 影响（Influence） | 能力（Capability） |
| 天气好冷，估计气温低于零下30° | 浑身冰冷，寒风刺骨，身体快冻僵了，很不舒服 | 尽快到暖和的室内去，喝杯热饮料暖暖身子 |

以上是一个日常生活的例子。接下来我们以一个实际销售场景为例进行更加直观的说明。

张总是 A 贸易公司的销售部总监，由于其负责管理的销售员出差时考勤难以管控，造成差旅费大量虚报，部门成本预算出现较大的超支问题，严重影响公司的利润。为此，张总希望随时随地都能查询到所有销售员的考勤情况，掌握他们每天的行程。他认为这样一来，销售员就再也不敢虚报差旅费用了，公司的营销成本将大大降低，公司的利润自然可以得到保障。

对此，B 公司恰好有一套解决方案"外勤助手"应用系统可以解决张总的问题。小李作为 B 公司的销售，事先通过信息收集和整理，制作了客户画像贝壳图，掌握了 A 贸易公司的基本业务信息，并参考同类客户关键人的相关情况，对张总的概念进行了预判，并用表 6.2 来进行客户概念的展示。

表 6.2　A 贸易公司张总的客户概念内核表

痛点及表现：部门成本预算出现较大超支，降低了公司利润
客户及行业：A 贸易公司，商贸行业
姓名与职位：张总，销售部总监
产品与方案："外勤助手"应用系统

| 原因（Reason） | 影响（Influence） | 能力（Capability） |
|---|---|---|
| 销售员出差时考勤难以管控 | √　差旅费大量虚报<br>√　部门成本预算超支<br>√　公司利润下降 | 是否能在任意时间、任意地点查询到所有销售员的考勤情况，掌握他们的行程？ |

## 6.3　客户概念内核表的组成要素和作用

表 6.2 是一个客户概念表的典型案例，因其核心元素是原因（Reason）、影响（Influence）和能力（Capability），我们分别取三个词的首字母，将其简称为"RIC 表"，或将谐音与含义结合起来称为"内核表"（基斯·伊迪斯，2014），并由此归纳出客户概念内核表的主要信息内容如下。

▷▷ 痛点及表现：客户痛点及症状描述。

▷▷ 客户及行业：客户的公司名称、所属行业。

▷▷ 姓名与职位：关键人姓名、职位。

▷▷ 产品与方案：即销售提供的产品和方案。

▷▷ 原因：客户认为产生痛苦的原因，即对现状的感知。

▷▷ 影响：客户认为对公司及个人的影响，即对现状的感受。

▷▷ 能力：客户关于解决痛苦的想法，即对未来的期望。

需要特别指出的是，**客户概念指的是客户某个关键人的概念，而不是指公司的，公司没有概念**。你面向一家公司的几个关键人销售，就要了解和掌握这几个关键人的不同概念。

现在你也许会问，准备客户概念内核表有什么作用呢？我们认为主要作用通常有以下几点：

▷▷ 帮助销售人员在客户拜访时对关键人开展诊断性对话，在客户未主动透露痛点和概念时，提示销售人员进行引导性提问，从而发掘客户的购买动机和真实需求。

▷▷ 帮助销售人员建立客户业务情境知识，从而在销售过程中落实以客户为中心的理念。

▷▷ 当客户概念发生较大变化时，帮助产品开发和市场营销部门推出新产品或升级原有产品，以满足客户新的需求。

▷▷ 辅导非销售人员（如市场调研人员、解决方案支撑人员等）在接触客户时开展更有意义和成效的沟通。

除了上述几点之外，作为售前准备的关键步骤之一，客户概念 RIC 表的最大作用在于：销售在拜访客户时，可以此为基础，通过提问技巧的使用，引导客户说出自己真实的认知、期望和需求，从而形成对客户概念清晰、完整的把握。

事实上，在面向商业客户的解决方案销售中，销售人员通常需要针对业务情境提供有多项产品和服务组成的方案，以满足更为复杂的客户概念要求。因此，销售人员在实际工作中建立的客户概念 RIC 表，其展现出来的原因、影响和能力往往不止一项，比如下面这个例子。

在大城市的基层网格管理中，街道书记作为管理者要承担综合治理的重要责任。G 市 S 街道的王书记就是这样一个角色。王书记目前的烦恼是：在跟踪一个治安事件的处理进展时，要进入很多系统，花大量时间搜索，信息准确度也受到影响；其中有些系统还要求保密，需专人或变换账号才能查询，有时甚至要打电话进行沟通，严重影响了工作效率，导致无暇走访和了解片区实际情况，居民对管理服务不满意，上级领导对此也有意见和看法，认为他们损害了服务型政府的公众形象。为此，王书记希望自己所管辖范围的网格员在一个系统中录入问题，信息就能自动提交到不同部门，管理者只要进入一个界面就能查到来自不同部门的信息；同时还希望能够直观地看到单子流转到了哪个部门，哪个人员在处理，使得跟踪信息一目了然。

对于王书记的以上痛点，我们对相关信息梳理后，可建立一个完整的客户概念内核表（如表 6.3 所示）。

**表 6.3　S 街道王书记的客户概念内核表**

痛点及表现：工作效率低，上级认为管理水平低，居民对服务不满意

客户及行业：S 街道，政务服务

姓名与职位：王书记，基层网格管理

产品与方案：基层网格综合治理系统

| 原因（Reason） | 影响（Influence） | 能力（Capability） |
|---|---|---|
| ①事件处理需要进入很多系统，花大量时间搜索信息，有时信息不准确还需对比验证 | ✓　工作效率低<br>✓　无暇走访调研<br>✓　上级有意见和看法<br>✓　居民对服务不满意<br>✓　损害服务型政府的形象 | ①网格员在一个系统中录入问题，信息会自动提交到不同部门，管理者只要进入一个界面就能查到来自不同部门的信息 |
| ②有些系统要求保密，需专人或变换账号查询，有时还要打电话沟通 | | ②直观地看到单子流转到哪个部门，哪个人员在处理，跟踪信息一目了然 |

当销售中需要面对客户内部多个关键人时，我们就需要针对每个不同的关键人角色建立不同的客户概念内核表。另外，你可能已经发现，上面每一张概念表中，核心的 RIC 内容对销售将要给出的方案没有任何提及，100% 描述的都是客户的业务或管理情境。之所以要准备这样的一张概念表，一是为了贯彻以客户为中心的理念；二是为了让销售在进行客户拜访时可以针对客户痛苦的 Why、How 和 What 三个问题开展有效的诊断和验证，找到客户痛点的关键所在。

当然，客户概念 RIC 表不是天生就存在的，它主要来自两个方面（基斯·伊迪斯，2014）。

（1）销售人员在自己的工作实践中不断积累、修正、更新、完善。对一个新入职的销售来说，初期是没有任何一张客户概念内核表的，你可以向"老司机"取经，还可以在自己的销售实践中进行制作、整理，并逐渐

积累起自己所负责的主要行业类型的客户、主要关键人角色的客户概念内核表。

（2）由市场营销部门或产品营销团队开发出来。很多企业在推出新产品或服务时，经常会同步给出以下信息：① 该新产品或服务将要面向哪些客户群销售；② 客户的主要痛点有哪些；③ 该新产品或服务的主要卖点是什么（即具备哪些核心能力）。但仅有这些远远不够，还需要补充客户痛苦产生的原因、造成的影响以及场景化描写的能力期望等，这也需要销售人员携带一些从客户处了解和洞察来的信息，一起参与编写，才能完成一套真正意义上的客户概念内核表，并需要在后续的销售过程中进行检验和完善。

为使读者对客户概念内核表有一个更全面、准确的理解，下面再以某电信运营商针对金利亚酒店客户钱总推出的"智慧酒店解决方案"为例，给出一个更为复杂的例子作为参考（如表6.4所示）。

### 表 6.4 金利亚酒店钱总的客户概念内核表

痛点及表现：入住率下降，经营成本高，不能完成收入和利润目标
客户及行业：金利亚连锁酒店集团，旅游酒店行业
姓名与职位：钱总，区域副总裁（分管业务经营）
产品与方案：智慧酒店解决方案

| 原因（Reason） | 影响（Influence） | 能力（Capability） |
|---|---|---|
| ①多间客房共用 Wi-Fi，客人感觉网速慢，且担心不安全 | | ①每间客房高带宽网络接入，有独立 Wi-Fi 覆盖、统一管理，并实现安全认证，让客户放心使用 |
| ②有线电视节目源少，功能单一，对中老年人吸引力差，年轻人更加不喜欢 | √ 客户满意率低，导致入住率持续下降 | ②电视节目更丰富，可直播、点播、回看，确保画面清晰流畅 |
| ③酒店装修和对外形象日益落伍，受竞争挤压严重，住客评价不理想，影响客源 | √ 无法完成营收目标<br>√ 成本居高不下，导致利润率水平下降幅度大 | ③酒店大堂、餐厅等公共区域有 Wi-Fi 覆盖，客房可定制电视门户，如个性化欢迎页、电视主页，可配合酒店活动要求发布广告、通知等 |
| ④酒店设施改造费用高，已显陈旧，住客满意率低 | √ 员工满意度下降，流失率加大 | ④希望低成本实现门锁、空调、窗户、开关等设施的升级改造 |
| ⑤虽然客房入住率下降了，但水电费等成本下降并不明显 | √ 区域业绩下滑，影响到总部对个人的考评和绩效 | ⑤希望利用一定手段实现对水电费等成本的节约和控制，并提升酒店档次 |
| ⑥员工收入不高，缺少福利 | | ⑥希望在员工日常开支方面给予一定的福利补贴 |

## 要点回顾

本章首先对客户的概念进行了定义，指的是客户的认知与期望，是客户对现在的处境、问题和障碍的认知，是希望"实现什么、解决什么、避免什么"的想法，包括其内心的感受、评价、想法和愿景等。客户概念指的是客户某个关键人的概念，而不是指公司的，公司没有概念。

售前准备阶段的第二项重点任务就是建立客户概念内核表，其核心元素是原因（Reason）、影响（Influence）和能力（Capability）。

客户概念内核表的主要作用有：帮助销售人员对关键人开展诊断性对话、帮助销售人员建立客户业务情境知识、帮助产品开发和市场营销部门推出新产品或升级原有产品、辅导非销售人员与客户开展更有意义和成效的沟通等。对销售而言，前两点具有关键的作用。

客户概念内核表的生成主要来自两个方面：一是销售人员在自己的工作实践中不断积累、修正、更新、完善；二是由市场营销部门或产品营销团队在推出新产品或服务时同步开发出来，但也需要销售人员一起参与制作、检验和完善。

对你服务的某客户的一位关键人进行当下的认知期望分析，制作一份客户概念 RIC 表。

## 客户概念 RIC 表

痛点及表现：

客户及行业：

姓名与职位：

产品与方案：

| 原因（Reason） | 影响（Influence） | 能力（Capability） |
| --- | --- | --- |
| ① | | ① |
| ② | | ② |
| ③ | √ | ③ |
| ④ | √ | ④ |
| ⑤ | | ⑤ |
| ⑥ | | ⑥ |

# 第 7 章  约见理由三要素

在 B2B 销售过程中，拜访客户无疑是销售的核心工作。如何制定拜访客户的有效约见理由，让客户欣然接受拜访，并使得销售拜访在预定的目标指引下高效完成，是销售人员要掌握的必杀技能。本章介绍的这个技能，亦是售前准备的第三项重要任务。

## 7.1  拜访客户前为什么要预约

大家知道，有经验的销售人员在拜访客户前都会和客户进行预约。为什么一定要预约呢？主要有以下几点原因：

▶▶ 让客户提前知道会谈的真正目的，使销售在见到客户后无须花大量时间来介绍"故事背景"，双方不必浪费精力在"调频"上，从而缩短拜访时间、提高拜访效率。

▸▸ 建立双方沟通的预期效果，尤其是让客户预先了解此次拜访将为他带来什么好处，使其更加积极参与会谈。

▸▸ 表示我们重视并且有备而来，也是为了节省客户的时间，显得更专业，还未见面就开始积累客户的信任。

▸▸ 客户可以有所准备，如人员、场地、设备等，使得交流更加顺畅、充分。

理解拜访前预约的原因很容易，但如何能成功约到客户则是很多销售感到困惑的难题，尤其是新入行的销售，经常抱怨"客户总是说很忙，没时间见我，怎么办？"然而，那么多客户，他们真的都是忙得没时间见销售吗？我们先来体会一下这样一些预约理由：

▸▸ "您好！明天上午在公司吗？我想去拜访您一下，是否方便？"或说："您明天上午在公司吗？我想去您办公室坐坐，行吗？"

▸▸ "您好！我今天下午出去办事，刚好路过您公司，想顺便去拜访您，可以吗？"

▸▸ "您好！我们公司总部负责大客户的王总今天从北京过来出差，刚好有空去拜访您，请问方便吗？"

▸▸ "您好！我们公司最近推出了几项特别优惠，我觉得很适合您的公司，想找个您方便的时候去向您汇报一下，可以吗？"

▸▸ "您好！马上过中秋了，我想节前找时间专门去拜访您，请问您哪天有空呢？"

试想一下，听到上面这些理由，如果你是客户，会不会答应和销售见面呢？答案多半是否定的。对应这些约见理由，客户可能的反应（或潜台词）如下：

▸▸ "我都不知道你要来干什么，凭什么要见你？"

▸▸ "原来你是因为顺便才想起来见我，那算了吧。"

▸▸ "王总刚好有空就来见我，如果没空就不见了呗？既然我那么不重要，那还是别见了。"

▸▸ "有优惠就想到我了，我是这么喜欢贪图便宜的人吗？你不就是为了推销业务吗？不见！"

▸▸ "到过节才想起我来，平时干吗去了？"

以上这些失败的约见理由只是我们顺手拈来的几个小例子。其中有些纯粹是"借口"，有些本来是不错的理由，但可能因为销售胆怯或心虚，反而变成了"歪理"。例如第三条，明明可以理直气壮地说："由于您是我们公司的重要客户，总部负责大客户的王总准备特地从北京飞过来拜访您，主要是为了向您了解对我们目前提供的服务有哪些意见，也探讨一下有哪些可以改进的地方。请问您哪天方便和王总见个面呢？"这样一来，客户感觉自己很重要、有面子，而王总关心的又是与他相关的事情，自然会欢迎这样的约见。

当然，现实中各种奇葩的约见理由还多如牛毛，数不胜数。那么，客户对于这些理由为什么会不感冒？说到底，因为这些理由都是销售想见客户的理由，而不是客户想见销售的理由！

## 7.2 什么是有效约见理由

要知道，无论客户在他的公司处于什么位置，都有很多他自己的本职工作要履行，而这些一定是他认为最重要的工作。销售要让客户暂时放下一些重要的工作来与你见面，自然要让他觉得这次见面至少和他手头的工作一样重要，甚至更重要。因此，**有效约见理由不是销售见客户的理由，而是客户眼中希望见到销售的理由。**

我记得早几年负责直销渠道管理的时候，有一年年底，某家培训企业的销售人员连续发过几个邮件给我，都是该公司第二年培训的课程大纲、案例等内容。虽然当时我们也在做第二年的直销经理培训计划，但每天收到的邮件很多，也没太在意，只是想等空闲下来再浏览一下。后来有一天突然接到一个电话，对话如下：

> 对方："×× 总，您好！我是 ×× 公司的小李，之前发过几次培训课程介绍的邮件给您，就是关于……的，您还记得吗？"
>
> 我："哦，我想起来了，但我还没仔细看哦。"
>
> 对方："没关系，等您有空再看也不迟。我们公司近十几年来一直专注于直销渠道队伍的培训，我在那几封邮件里介绍了我们的课程体系，还发了一些成功案例给您参考。今天特地给您打电话，主要是了解到您正在制定明年的培训规划，我想看看在这一块有没有可能帮到您，重点是先听听您的想法，然后也探讨一下我们有没有机会为您提供合适的方案。您要是有空的话，我随时可以去贵公司拜访您，您

看可以吗？"

我（确实有必要参考一下外面的公司可以提供哪些帮助）："我今天下午3点就有空，你可以过来吗？"

对方："好的，没问题！我下午到您公司楼下后立刻给您电话。"

且不说后来我们的交谈结果如何，就约见理由来说，这个销售的表现是非常专业的。第一，虽然没人引荐，但通过提前发邮件，人为制造出一个"似曾相识"的印象，拉近距离；第二，接通电话后简单介绍公司实力（近十几年一直专注于直销渠道队伍的培训，有课程体系、成功案例，且已经发邮件证明）；第三，迅速切入我"当下"的期望和需求（正在做培训规划，看看有没有可能帮到我），并表达对我的重视（特地打电话）；第四，对见面后谈什么有具体的打算，也表达了自己的期望（"重点是先听听您的想法，然后也探讨一下我们有没有机会为您提供合适的方案。"）；第五，把见面时间的选择交给客户，既表达了尊重又给自己留有余地。

总结上面这个案例，我们认为，在客户看来，他们见销售的理由至少要符合以下条件（罗伯特·米勒、史蒂芬·海曼、泰德·图勒加，2017；夏凯，2016）：

▷▷ 与客户的概念（即认知与期望）及个人利益相关，必须是基于客户的动机来设计。

▷▷ 客户认为重要且紧急，这样才能放下其他工作来见销售。

▷▷ 可以明确陈述的，而非含糊其词。

▷▷ 表达要清晰、简单、完整，让客户一看（听）就抓住重点。

▷▷ 同时要表达出销售的诉求，符合双赢的目的，不要让客户感觉你是"无事献殷勤，非奸即盗"。

通过对以上条件的分析，销售在设计有效约见理由时重点需满足三个要素：目的（Purpose）、过程（Process）和收益（Payoff），简称 PPP 技巧，其含义如下所示。

▷▷ 目的（Purpose）："我们为什么要见面？"

▷▷ 过程（Process）："交流将如何进行？"

▷▷ 收益（Payoff）："对彼此有什么好处？"

基于 PPP 三要素，下面再给出一个示例：某软件公司专业提供互联网金融和大数据系统，其销售人员了解到某银行互联网金融事业部李总近期有此需求，制定约见理由如下：

"李总，您好！我是 ×× 软件公司的客户经理小韩，前几天和支付圈的朋友聊天时，朋友提到贵行年底前需上线互联网金融平台。我公司 2005 年起一直耕耘在互联网金融平台和大数据系统两大领域，已成功咨询、设计、实施 ××、××、×× 等大型互联网金融项目及供应链金融项目。这次冒昧与您联系，是想就贵行的互联网金融平台项目和您做一些探讨，为您提供一些案例和经验上的帮助，也想听听您对互金平台建设的想法，以便我司为您提供针对性的方案，想约您本周三上午十点到十一点面谈，您看可以吗？"

**制定有效约见理由的实质是激发客户见销售的兴趣和愿望。** 虽然我们强调销售每一次拜访客户都需要设计有效的约见理由，都需要符合 PPP 三要素——这样既能让客户感觉到专业又能提高拜访效率，但我们更加强调的是，在第一次约见客户时，有效约见理由显得尤其重要，因为如果第一次不能激发客户的兴趣，以后再去拜访可能会更加困难重重。

因此，首次拜访客户前，为了制定真正有效的约见理由，对客户概念的预判和把握非常关键。此时，我们可以运用到前面介绍的"客户概念 RIC 表"，仔细分析该表中客户最感兴趣的痛点问题是什么，然后对症下药设计约见理由。除了上面两个例子介绍的简述公司专业能力、典型客户之外，还有一种非常有效的激发客户兴趣的方法是引入第三方成功故事（避免一开场就说客户"有病"而引起对方的反感）。下面就是一个类似的例子：

"××先生，您好！我们公司专门通过帮助客户应用电子商务软件来增加收入。我们从 2000 年起就开始与信息服务企业合作，客户包括××等知名信息科技公司。最近我们从客户那里听到的主要挑战包括：无法准确预测销售收入、无法实现新客户拓展目标、客户满意度持续下降等（此处列举客户概念 RIC 表中 2~3 个客户可能的关键痛点或原因），我们成功地帮客户解决了这些问题，比如 A、B、C 等公司（此处列举 1~2 个该业内的客户名称，最好是客户熟悉的）。希望能够有机会向您展示一些案例。如果您愿意了解我们公司是如何帮助其他客户解决这些具有挑战性的问题的，我非常乐意提供更详细的信息。当然，我也非常希望听到您对这些方面的一些想法和建议。想约您下周二面谈，您看方便吗？"

在上面这个约见理由中，你也许会发现对约见过程（Process）和收益（Payoff）的描述并不是很详细，但因为对客户痛点的预判比较到位，同样能起到激发客户兴趣的作用，不失为一个有效约见理由的典型例子。

在普通的商业客户销售中，还有一种常用的约见理由是"服务回访"，这是客户普遍感兴趣和比较容易接受的方式，例如：

"×× 总，您好！这个月是我们公司的'服务提升月'，由于您是我们的重要客户，我们的销售总监王总想带着服务经理一起去拜访您，主要是进行服务回访，重点了解您对我们目前提供的服务有什么意见和建议，也听听您后续在信息服务方面有些什么想法和要求，以便我们为您提供更好的服务，也提高我们的服务水平。您看明天下午3：00 左右方便吗？"

通常情况下，设计有效约见理由要尽量满足 PPP 三要素，但也可以根据面对的客户情境不同而有所变通，最关键是把握好如何成功激发客户的兴趣，让客户愿意并期待与你见面。

另外，如果不是第一次约见客户，在制定有效约见理由时，销售还需要关注以下三个问题（罗伯特·米勒、史蒂芬·海曼、泰德·图勒加，2017）。

（1）提前约定在场的人员：不管是单独预约客户的某个关键人还是客户方的多个关键人，预约时都要与客户沟通清楚。如果你原本打算只和一个人面谈，结果到达现场后发现被一群陌生人包围，那么整个会谈将面临不知道如何开展的局面，可能导致拜访失败，甚至产生负面影响。针对这种情况，销售只要在约见时明确具体参加人员，就可以提前做好足够的准备。

（2）提前确定所需的环境和条件：如果销售与客户的会谈需要一些特定的环境和条件，在约见时也需要提前和客户沟通好。例如，当销售带着技术专家与对方进行方案交流时，可能需要对方准备足够大的会议室、白板、投影仪，甚至无线上网环境等，在预约时就要告知客户准备好，以免到达现场后因条件不具备而无法达到预期的交流效果。当然，如果有些设备是需要销售自己准备的（如自带投影仪、便携式无线路由器等），也要在预约中予以明确。

（3）提前告知对方的行动责任：假设客户在上一次的会谈中已经承诺要完成某种行动，例如，对方曾经承诺提供关于某业务部门的书面需求，或承诺邀请哪几个部门参加方案交流等，在约见时必须提醒对方兑现承诺。这样才能有效推动销售进程，也是双方建立互信的基础。

有效约见理由是销售用来和客户预约见面的"通行证"。销售预约拜访客户的方式有以下几种。

▸▸ 电话预约：这是预约客户首推的、最常见、最直接的方式，也是信息沟通效率最高的预约方式。

▸▸ 邮件预约：电子邮件有延时性，还有可能被客户忽略，建议仅作为辅助预约方式。

▸▸ 短信预约：当客户很忙、不方便接听电话时，短信预约是一种不错的方式，可以让客户完整地接收到销售的信息内容。如果短信被客户忽略或忘记，销售可以再进行电话确认。

▸▸ 微信预约：如果销售与客户已建立微信联系，只要客户不反感，这也是一个不错的选择，因为微信沟通便利，随时可以进行交互，也不会给客户造成不必要的骚扰。

▸▸ QQ 预约：与微信类似，主要看客户是否有使用习惯。

当然，销售具体使用什么方式预约客户，取决于和客户的熟悉程度和当时的情景，只要能达成约见的目的，无须拘泥于形式。

## 要点回顾

本章阐述了售前准备的第三项重要任务：制定有效约见理由。

我们首先阐明了销售拜访前预约客户的原因，并通过对一些失败约见理由的分析，总结出"有效约见理由是客户想见销售的理由，而不是销售想见客户的理由"。

然后，我们给出了有效约见理由需符合的若干条件，如与客户概念相关、客户认为重要紧急、可清晰明确陈述、要表达销售的诉求等。在此基础上，我们给出了有效约见理由的三要素：目的、过程和收益，简称PPP技巧。

最后，我们还强调，制定有效约见理由的实质是激发客户见销售的兴趣和愿望，设计有效约见理由要尽量满足PPP三要素，但也可以根据客户情境不同而有所变通，把握好激发客户兴趣这个关键目的即可。

**练　习**

　　针对你即将拜访的某个客户关键人，运用 PPP 技巧设计一个有效约见理由。

　　▶▶ 是否与客户概念和需求相关? _____

　　▶▶ 是否解释了对客户重要紧急? _____

　　▶▶ 是否表达了对客户的利益? _____

　　▶▶ 是否表达了销售的诉求? _____

　　▶▶ 是否描述了会见的过程? _____

　　▶▶ 表达是否清晰、简洁、明确? _____

# 第 8 章　销售与拜访目标

销售在拜访客户前，除了准备客户画像贝壳图、客户概念 RIC 表和有效约见理由之外，还需要设定一个清晰的拜访目标。否则，漫无目标地去拜访客户，既浪费了销售自己的时间，更浪费了客户的时间，辜负了客户的信任。因此，制定拜访目标是售前准备的第四项重要任务。

## 8.1　单一销售目标

实际上，销售人员有很多拜访客户的理由，有时可能仅仅是礼节性的，目的是拉近关系、维系情感而已。对此我们并不反对，只要时间允许，没什么不好，但这种拜访不是真正的销售拜访。我们定义的销售拜访是有目的性的，就是为了完成某项销售任务。

在制定拜访目标之前，销售必须设定好自己的销售目标，哪怕这个目标未必精准、未必会是最后达成的结果。我们将此称为"单一销售目标"，是指销售希望从所拜访的客户那里获得的一单潜在的业务。销售通过一次次的拜访，不断接近这个销售目标，直至最终实现签约。

单一销售目标通常包含以下五个要素（罗伯特·米勒、史蒂芬·海曼、泰德·图勒加，2017）。

（1）销售对象是谁？

（2）销售的产品或服务是什么？

（3）销售多少数量的产品或服务？

（4）什么时间完成签约？

（5）实现多少收入？

将以上要素用一句话来描述就是："将在（何时）卖（多少）数量的（什么产品或服务）给（谁）以实现（多少）收入。"例如："将在 12 月 31 日前卖 1000 个三合一终端给金利亚酒店以实现 36 万元的年收入"或"将在 12 月 31 日前卖 1 套智慧酒店解决方案给金利亚酒店以实现 100 万元的年收入"等。

需要特别强调的是，单一销售目标就是单一的。如果你要销售两个以上不同的方案或项目给同一家客户，就应该设定两个以上不同的单一销售目标。

## 8.2　销售拜访目标

设定合理的单一销售目标是制定销售拜访目标的基础，而单一销售目标的实现则是由多次销售拜访目标叠加和累积所形成（如图 8.1 所示）。因此，每一次的销售拜访就相当于销售与客户一起上一级台阶，当双方共同到达最后一级台阶时，单一销售目标就实现了，销售与客户的"双赢"也就实现了。

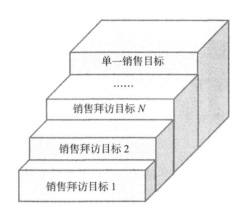

图 8.1　单一销售目标与销售拜访目标的关系

现实工作中，很多销售人员曾经告诉我，他们对待客户的态度是："客户虐我千百遍，我待客户如初恋。"这是一群面对五花八门的客户、层出不穷的难题而不屈不挠的人，是对销售工作拥有十二分热情的人。他们的经验告诉我们，在复杂的 B2B 销售中，客户签约往往是一个拾级而上、循序渐进的过程，大部分时候不可能一蹴而就。

通常情况下，销售人员即便设定了单一销售目标，在与商业客户接触的初期往往难以摸清楚客户究竟要什么。当你不知道客户想买什么之前，你永远都不会知道你能卖什么！因此，单一销售目标并不是一成不变的，可以随着销售进程进行调整。但是，我们仍然要强调，销售就是"与客户谈一场以结婚为目的的恋爱"。"结婚"就是完成签约，就是那个单一销售目标；"恋爱"就是一次次销售拜访的过程。销售与客户的"恋爱"可能有三种结果。

（1）"闪婚"：当你第一次见到客户就和他产生一见钟情、相见恨晚的感觉时，销售拜访会非常顺利，你提出的方案一下子就满足了客户的概念和需求，于是当场"结婚"，达成签约。

（2）无疾而终：销售与客户陷入"马拉松式恋爱"，客户可能最后不"结婚"，也可能选择其他"备胎"。

（3）循序渐进"结婚"：这种"恋爱"按部就班展开，一步一步上台阶，最终水到渠成走进"婚姻"殿堂，顺利签约。

从销售效率来说，第一种是最佳销售结果，是事先对客户进行了详细侦察，精心设计了销售套路的结果。即便如此，"闪婚"也是可遇而不可求的。第二种是最坏的销售结果，也是很常见的类型。有些销售成天泡在客户身边喝茶聊天、把酒言欢，看起来打得火热，实际上并没有找到客户的痛点，也提不出什么能帮助客户的解决方案，最终不了了之，无疾而终。第三种结果则是合格的销售人员遇见最多的常态，一步一步了解客户的痛点、问题和障碍，探索客户的想法和期望，并站在客户角度提出有效的解决方案，最终赢得客户的心，达到"结婚"的目标。

人们常说："不以结婚为目的的恋爱就是耍流氓。"前几天我就碰到过这样的销售，是我们某个供应商的一位客户经理，来公司见我之前打电话预约过。当时我误以为之前和他见过面、这次他是来提交方案的，所以答应了和他见面。我们在公司楼下咖啡厅见面的大概过程是这样的：

对方（与我见面握手，开场）："您好！请坐。我是××公司的小杨，刚才给您点好了一杯咖啡。"（接着把咖啡递到我面前，礼仪方面倒是表现得很周全，但我不喝咖啡）

我："不好意思！我不喝咖啡。谢谢！"

对方："那好吧。给您换一杯绿茶？"

我："不用了，谈事吧。"

对方："没事，我过来和您随便聊聊，主要是想和您认识一下。"

我（此刻心里有点受伤，我可不是随便的人，时间也挺宝贵）："我们以前认识吗？"

对方："不认识啊，是××介绍我来找您的，他说您是他老乡。"

我（脑子立刻回忆是否有这样一个老乡）："我没听过这个人啊，会不会搞错了？"

对方："没关系，可能您真的不认识，不用管他。"

我（心想原来这家伙在诈我，随便编个理由拉近距离）："那你今天主要想聊什么事？"

对方："真的只是随便聊聊，认识一下。"

我（此刻心里暗骂了一句粗话）："我时间比较紧张。"

对方："好的，明白。请问您主要负责哪一块工作，能给我介绍一下吗？"

我（此刻心里已然有不满情绪了，强忍住）："你连我做什么都不知道，那我们见面有啥意义？"

对方："当然有啊，我们今天可以增进了解，以后也许就有合作机会呢。"

　　我（终于忍无可忍）："不好意思，我还有一个会要开，如果没什么事的话，以后再说吧。"

　　对方："那好吧，您先忙。我可以加您微信吗？"

　　我："你可以用手机号码加一下试试，再见！"

　　随后，我匆忙离开咖啡厅，在回办公室途中把他的电话拉黑了，自然也不会加他的微信。见面时间不足 3 分钟，他帮我点的咖啡此刻还冒着热气，我心里则冒着火气，真切地感觉到被人"耍流氓"了。

　　看过鲁迅小说《阿 Q 正传》的人可能知道，主人公阿 Q 在赵老爷家做短工时，看上了女仆吴妈，于是心血来潮跑到厨房里和吴妈套近乎。还没说几句话，阿 Q 一激动，"扑通"一声跪在吴妈面前说："我要和你困觉，我要和你困觉！"吴妈当场被吓得魂都丢了，以为要强奸她，边哭边喊跑到赵老爷那告状。赵老爷的儿子过来打阿 Q。第二天，整个镇上的人都知道阿 Q 调戏吴妈，所有女人看到阿 Q 都躲开。

　　看到这个情节，很多人会觉得，阿 Q 的欲望和行为表现都很诚实，是个心直口快、言行一致的人，只是少了一些文化，不懂得表达而已。但你仔细一想就会发现，就是因为他把欲望和行为都诚实地表现在吴妈面前，结果被人家看成是调戏妇女的流氓了。

　　既然"不以结婚为目的的恋爱就是耍流氓"，那么，"不恋爱就想直接上床就是真流氓"了，阿 Q 追求吴妈就是典型的例子。遗憾的是，现实生活中"耍流氓"的销售屡见不鲜，"真流氓"的销售也不少见。你平时无数次接到的推销电话，对方也许开口就问："我们在 × × 推出新楼盘，单价 1 字头，您方便来看一下吗？"你在街头经常遇到的摆摊促销，销售员一边递过宣传单，一边不厌其烦地向你推荐："大哥，公司刚刚推出 99 元不限流量套餐，办一个吧？"想想看，这样的销售和阿 Q 追求吴妈有多大的不同？这不就是不谈恋爱就想结婚的典型桥段吗？

恋人在恋爱中逐渐了解对方，通过沟通一步一步了解对方的认知和期望，当相互之间认为可以满足对方的概念时，结婚也就顺理成章了。号称"魔鬼咨询师"的阮琦写过一本书，叫《魔鬼搭讪学》。书里提出"分层升级"理论，说的就是从恋爱到结婚需要遵从的基本规律：男女二人从搭讪开始，然后获得对方联系方式、开始约会、拉手、接吻、见双方父母、谈婚论嫁，双方同步"分层升级"，最后走进婚姻的殿堂。这和前面提到的"双方共同上台阶"是同样的道理。

销售签单和追求配偶需经历恋爱再结婚其实也是一样的，也要遵从"分层升级"理论。**实现与客户签约是销售的最终目标（即单一销售目标），而销售每一次拜访客户都要有一个"小目标"**。这个拜访目标就是客户的"行动承诺"，是销售人员拜访客户之前事先准备好、希望在拜访结束后达到的"分层升级"的结果，**是客户为推进购买而做的行动保证**。

为什么售前要制定一个客户的（而不是销售的）"行动承诺"作为拜访目标呢？其核心目的就是让客户和销售同步实现"分层升级"。只有让客户行动、让客户做出承诺，才有可能让客户与销售一起上台阶，最后实现成交。很多销售人员为了不得罪客户，在和客户的交互过程中，总是一味地迁就客户，客户让他提供方案就立刻提供方案，让他安排技术交流就安排专家上门交流、让他报价就报价，让他申请折扣就立刻回去找领导申请折扣……自己给了客户无数个承诺却得不到客户的任何回报，以为这就是全心全意为客户服务，以为这样就能获得客户的好感和信任。殊不知，这不但不能让客户信任你，还有可能让他觉得你是一个可以让他随便驱使的"私人秘书"。更糟糕的是，这样的应对方式并不能有效推动销售目标的实现，反而可能因此贻误战机，让竞争对手乘虚而入、抢占主动。最关键的是，做生意讲究的是"等价交换"，这种不对等的单方面"升级"动作，没有实现"等价交换"，只让客户以逸待劳地看着你傻傻地在一步一步上台阶，而他则一直待在原地不动。这就好像一个男生在追求一个女生，男生接二连三给女生送花、买票约女生看电影、报团约女生旅游……但女生对所有这些行为都没有任何反馈一样，没有达到"同步升级"的效果。鉴于每一次销售拜访都需要付出时间、精力和成本，销售自然也希望客户在每一次拜访之后都有一个行动承诺，也就是"同步升级"的承诺。

那么，作为销售拜访的目标，客户的行动承诺应该是什么样的？需要符合什么标准呢？

管理学大师彼得·德鲁克《管理的实践》一书中提出，制定目标要符合 SMART 原则，销售拜访的目标设定同样要符合以下这些原则。

▶▶ S（Specific）：明确、具体、清晰，要切中特定的工作指标，不能笼统。

▶▶ M（Measurable）：可度量，是数量化或者行为化的，验证数据或信息是可以获得的。

▶▶ A（Attainable）：可实现，即在付出努力的情况下可以实现，避免设立过高或过低的目标。

▶▶ R（Relevant）：相关性，是与本职工作相关联的。

▶▶ T（Time-bound）：有时限性，在规定的时间期限内完成。

对照以上原则，为推动客户与销售同步"分层升级"，销售拜访目标（即客户的行动承诺）需符合以下标准：

▶▶ 是客户做出的具体动作（必须有动作，而非任由客户随机等待，例如："我同意有空时再安排和你会谈"就不是一个有效的承诺，客户只不过给了一张"空头支票"，并无实际行动）。

▶▶ 对客户具有现实合理性（在客户的职责或权限范围之内，是客户能力所及的，也是现阶段应该做、可以做的，例如：销售让客户的一个基层人员安排高层会面，或初次见面就让对方提供详细的需求说明书等，这些都缺乏现实合理性）。

▶▶ 基于客户"当下"的认知、期望和个人需求（与客户的概念强相关，才能成为客户关注的焦点）。

▶▶ 有明确的时间限制（要求客户在特定的时间之内完成）。

▶▶ 需要客户投入一定的时间和资源（随着客户投入的时间和资源不断增多，客户重视度加大，放弃的可能性逐渐降低，成交机会则不断加大，例如："我有机会一定会向领导汇报"就无明确的时间和资源投入，不是一个有效的行动承诺）。

▶▶ 能推进客户的购买进程（随着销售拜访的进程，逐渐实现"分层升级"）。

▶▶ 是可验证的阶段性结果（是数量化或行为化的，验证数据或行为动作信息是可以获得的，例如："我下周三之前会把你的方案仔细阅读一遍"就是一个既难以验证、也无法推动销售进程的假承诺）。

在售前准备阶段，对于销售人员来说，此次销售拜访是尚未开展的行动，必然会存在一些不可预测的因素，无法精准制定唯一的目标。为此，销售在制定拜访目标时，可以按照"乐观"和"悲观"两种态度来准备不同的客户行动承诺预案，我们分别称其为客户的"最佳行动承诺"和"最小行动承诺"。其中，"最佳行动承诺"是在拜访结束时，销售期望获得客户的最好的行动承诺；"最小行动承诺"则是在拜访结束时，销售可接受的客户最小的行动承诺。

例如：张总是 A 贸易公司的客户部总监，小李是 B 公司的销售，正准备向 A 公司销售一套客户关系管理系统解决方案。在上一次拜访张总时，小李已了解了他们在客户关系管理方面的主要痛点，并和张总详细探讨了痛苦产生的原因、影响和希望通过获取哪些能力来解决这些问题。为此，小李拜访之后回到 B 公司，召集有经验的方案支撑人员为 A 公司制定了颇具针对性和竞争力的解决方案。接下来准备再次拜访张总，希望方案得到张总的认可，并尽快推动 A 公司采购签约。

此外，小李在上一次的拜访中还了解到，对于张总来说，如果方案能完全满足他提出的需求，只要 A 公司分管客户营销服务的王副总同意即可购买；如果方案未能完全满足需求，则可能要请部门内的专家先进行评审，待方案完善后再说。

针对以上情境和接下来的销售拜访，小李制定了两种拜访目标。

（1）最佳行动承诺：希望张总能详细介绍 A 公司的采购流程和主要对口人，并在三天内安排小李陪同张总直接向王副总汇报方案。

（2）最小行动承诺：希望张总能详细介绍 A 公司的采购流程和主要对口人，并在三天内召集部门内专家进行方案评审。

到此，我们阐明了销售每次拜访客户的目标就是要让客户随着销售一起"分层升级"，通过一次一次行动承诺的累积，最终达到成交签约的目的。

毋庸置疑，销售过程中的每一步，对于销售而言都是需要调动和付出资源的，如果客户愿意同步付出资源，拜访结束后做出行动承诺就不是一个问题。中国人向来崇尚"礼尚往来"，在商业交往中，这更应该成为一条铁律。换句话说，对于销售，**没有获得就不付出，因为这就是"交易"的条件**。如果你愿意付出，对方也必须愿意付出才行，否则就是不公平的，不能称其为"交易"。想想生活中那些对"女神 / 男神"单方面心甘情愿付出一切而孜孜不倦的男生 / 女生，你希望自己成为那样的销售吗？

所以，在售前准备的时候，销售务必要制定客户的"最佳行动承诺"和"最小行动承诺"，因为你愿意付出资源来和客户探讨他的概念、为他提供满足需求的方案、承诺证明你的方案具备他希望获得的能力……为此，销售制定的拜访目标包括（但不限于）让对方给出以下方面的行动承诺：

▷▷ 介绍内部采购流程和规则。

▷▷ 安排召开需求沟通会。

▷▷ 引见或介绍业务部门关键人。

▷▷ 参加业务交流会。

▷▷ 组织召开方案评审会。

▷▷ 向高层领导汇报方案、获取领导反馈。

▷▷ 安排你（或你公司的领导、专家、支撑团队成员等）与高层见面。

▷▷ 安排高层参观样板客户。

▷▷ 启动采购流程。

▷▷ ……

　　以上都是客户在某些销售拜访阶段可能做出的承诺，是客户因应销售提供的真诚帮助应该给出的回报，天经地义。若非如此，要么是销售的行为没有得到客户的认可，要么是客户在对销售"耍流氓"。若为前者，销售需检视自己的行为是否真诚、是否能为对方解决问题；若为后者，销售则要及时纠正对方的"流氓"行为，或主动离开，把精力和资源投给那些愿意公平合作的客户。

## 要点回顾

在复杂的 B2B 销售中，客户签约是一个循序渐进的过程，销售就是"与客户谈一场以结婚为目的的恋爱"，一步一步了解客户的痛点、问题和障碍，探索客户的想法和期望，并站在客户角度提出有效的解决方案，最终赢得客户的心，达到"结婚"的目标，而这个目标就是单一销售目标。

销售让客户签约与追求配偶需经历恋爱再结婚一样，要遵从"分层升级"理论。达成单一销售目标是销售人员的最终目标，而销售每一次拜访客户都要准备拜访目标，即向客户要一个"行动承诺"，它是客户为推进购买而做的行动保证。

制定拜访目标要遵循 SMART 原则，还要符合若干标准。在售前准备阶段，考虑到不可预测因素，销售制定的拜访目标可分为"最佳行动承诺"和"最小行动承诺"两种。

针对销售推进的不同阶段，客户可能的行动承诺包括：介绍内部采购流程和规则、安排召开需求沟通会、引见或介绍业务部门关键人、参加业务交流会、组织召开方案评审会、向高层领导汇报方案、安排你（或你公司的领导、专家、支撑团队成员等）与高层见面、安排高层参观样板客户、启动采购流程，等等。

鉴于"礼尚往来"原则，销售没有获得就不应付出，这是"交易"的条件。销售如果需要付出资源，对方也必须愿意付出承诺，要让客户随着销售一起同步"升级"，通过一次次拜访后客户行动承诺的累积，最终达到成交签约的目的。

## 练　习

请针对你现在开展销售的某个客户中的一个关键人，制定下次销售拜访的"最佳行动承诺"和"最小行动承诺"，并用 SMART 原则和本章介绍的若干标准检验是否为有效的拜访目标。

客户名称：_____

关键人姓名：_____　　职务：_____

当下的认知和期望：_____

最佳行动承诺：_____

_____

_____

最小行动承诺：_____

_____

_____

# 第 三 篇

# 从痛点到期望——概念诊断

概念诊断是销售过程中最关键、最核心的环节，是销售人员充分运用售前准备的各种信息和素材，基于客户的业务情境，与客户面对面交流和探讨的过程。概念诊断完成的好坏，可直接决定销售的成败。

我们在第一篇中分析了客户购买逻辑中"为什么买、如何买、买什么"这三大问题。本篇详细阐述概念诊断的方法，目的是通过诊断完整、全面地了解客户"购买冰山"中隐藏在水面之下的部分，即购买动机、问题与障碍、具体需求等，从而为后续向客户推荐产品方案、描绘清晰愿景提供全面的信息支持。

本篇内容主要由三部分构成：首先介绍基于客户画像贝壳图和业务情

境发掘客户痛点的方法，借此获知客户购买的动机；其次阐述基于客户概念内核表对客户的认知期望进行全面诊断的方法，借此掌握客户完整、清晰的概念——包括待解决的问题、障碍和能力需求；最后通过拜访总结，与客户共同回顾拜访过程和成果，借此推动客户做出行动承诺，实现预期的拜访目标。

# 第 9 章　基于贝壳图挖掘客户痛点

人们常说："痛则思变"。没有痛苦，就不会有所改变。

既然理想与现实的差距带来的痛是激发客户购买的源泉，而增长模式和困境模式都是由这种差距带来痛苦之后所形成的反馈模式，那么销售人员拜访客户的第一件事就是找到这两种反馈模式的关键人（最好是购买决策者或对购买决策具有影响力的角色），挖掘出他的痛点，并让他承认既有的痛苦。

然而，要让客户向一个并不熟悉的销售敞开心扉谈论自己的痛点以及公司内部的敏感信息，这并不是一件很容易的事情，除非他认定你能给他足够的真诚和具备解决问题的能力。正如史蒂芬·柯维在《高效能人士的7 个习惯》中提出的那样，**"信任 = 真诚 + 有能力"**。因此，销售在拜访客户的初始阶段，与客户建立个人可信度与和谐关系是最重要的。这是我们强调的重要理念之一：**"购买始于痛苦，销售始于信任。"**

复杂业务的 B2B 销售通常适合采用顾问式销售模式。"顾问"一词拆开来就是"顾"和"问"。其中，"顾"即为"看"，表示销售拜访过程中要看着客户，时刻关注客户的感知、感受和想法；"问"即为"询问""问诊"，通过向客户提出问题，来探寻客户"购买冰山"中隐藏的购买动机、问题与障碍、需求和标准等。显然，向客户进行有效提问是销售必须掌握的关键技能。

在此，我们先简要介绍一下销售拜访中向客户提问的三种常用问题类型。

（1）开放型问题：主要用来鼓励客户探索内心的想法，畅谈自己的经验、心得、问题、障碍、痛苦等。客户可以自由发挥，用任何方式回答这类问题，发表自己的见解和感受。当客户回答的内容符合预期时，销售还可以继续鼓励、跟进提问，给予承接性的追踪反馈，激发客户继续表达的愿望，如"还有吗？""原来是这样啊，您不说我真是不知道，能多讲些具体情况吗？""能举个例子吗？""当时是怎么想的？""说详细一点可以吗？"等。但使用此类问题进行提问有一个缺点，容易导致客户天马行空地畅聊，脱离销售主题。当出现这种情况时，销售需要提出一些引导型问题，把客户拉回正题。

（2）引导型问题：主要用来启发客户思考，把客户拉回到销售人员期望展开的话题上，一般为半封闭式提问，形式如"有没有可能……""会不会因为……""是不是有这样的情况……"等。通常情况下，封闭式问题的回答为"是"或"不是"，而半封闭式的引导型问题往往能问出比较完整的答案，即便客户只是简单回答，销售还可以在此基础上继续追问细节，直到获得完整信息为止。但使用此类问题进行提问也有一个缺点，容易使客户产生被控制的感觉，导致客户不自在而影响其发挥。当出现这种情况时，销售需要适时提出一些开放型问题，让客户感到舒适之后再重新开始引导型提问。

（3）确认型问题：主要用来确认对方的态度或销售获得信息的准确性，确保销售与客户的沟通始终处在同一个频道上，并不断夯实每一步沟通的成果，一般为封闭式提问，形式如"您认为……是这样吗？""您的意思是……对吗？""我的理解是……对吗？"等。当客户对此类问题的回答为"是"时，表明沟通信息确认无误，销售可以进入下一个话题；如果客户回答"不是"，则要追问其真实的意思是什么，从而获得正确、有效的信息。

我们假设销售拜访的对象是事前预判为确有痛点的客户关键人（即反馈模式为增长模式或困境模式），那么与客户建立个人可信度与和谐关系并过渡到让客户承认痛苦的步骤如下：

（1）确认型问题开场：与客户建立初步信任；

（2）开放型问题切入：通过熟悉的业务情境激发客户共鸣；

（3）引导型问题过渡：借助第三方成功故事启发客户思考；

（4）确认型问题总结：让客户承认痛苦。

下面对上述四个步骤逐一进行说明。

## 9.1　确认型问题开场

在售前准备阶段，我们已经制定了有效约见理由，并通过某种通信方式与客户达成了预约。那么，与客户见面并进行必要的寒暄后，让客户建立初步信任的最安全做法是开场确认，把有效约见理由提到的 PPP 三要素进行重申，让客户感受到你的真诚、守信、注重效率，同时也建立你在客户心目中的专业形象。

我们以某软件公司客户经理小韩拜访某银行互联网金融事业部李总为例。小韩见到李总简单寒暄后，提出确认型问题开场如下："李总，我这次来拜访您，主要是想就贵行的互联网金融平台项目和您做一些探讨，希望有机会为您提供一些案例和经验上的帮助，特别是想听听您对互金平台建设的想法，以便我们公司为您提供有针对性的方案，耽误您大约一小时的时间，您看可以吗？"

由于是事先经过预约的，若无特殊情况，此时客户李总一般会给出"可以"或"好啊"等肯定回答，谈话得以按计划顺利进行。如果此时李总有其他想法或遇到了新的情况，则可能对计划谈话的内容、形式等提出新的意见，小韩根据当时情况进行相应的调整即可。

假如没有这个确认过程，小韩与李总寒暄后直接进入主题，万一李总临时有其他事情需要处理，或想对谈话内容做一些调整，那就会导致对方纠结于要不要打断你的话题，浪费时间在重新"调频"上面，并让对方感觉你对他不够尊重。因此，无论如何，使用确认型问题开场，都可以体现销售时刻在为客户着想，既可赢得客户的好感和信任，又能提高沟通效率。

有些销售经常说："在销售产品之前，首先要推销自己。"开场确认就是销售向客户推销自己的一种严谨而专业的方式，也应成为销售人员践行"客户至上、用心服务"理念的一种行为习惯。

## 9.2　开放型问题切入

见到客户、完成开场确认之后，接下来要做的事情就是发掘客户的痛点。一般情况下，客户不太可能刚与你见面就说出自己面临的痛苦（除非已经相互熟悉并建立了足够的信任），而销售也不可能一见面就说客户"有病"。那么，如何才能让客户自然而然地承认自己的痛苦、与你一起讨论"病情"呢？

一些有经验的销售认为，开场后应该多与客户寒暄，尽量聊一些非业务类的话题，待双方热络之后再谈具体业务。然而，我并不建议你这样做，因为：① 交流是已经预约过的，双方对目的、过程和收益已经建立了一定预期，对方也希望节约交流时间；② 客户最关心的不是他自己就是他所负责的工作，而不是那些无关痛痒的话题。因此，开场之后最合适的交流方式就是**从客户熟悉的业务情境切入，激发客户的共鸣，最有效的工具就是客户画像贝壳图**。同时，为了让客户自在轻松地进入话题，此时最合适的沟通方式就是**采用开放型问题向客户提问**。

在售前准备阶段，我们已绘制了客户画像贝壳图。其核心目的就是让销售在拜访客户前掌握足够的客户业务情境，在拜访现场以客户视角和客户化语言进行沟通，以达到激发客户共鸣的效果。

在客户画像贝壳图中，有大量的素材可作为引发客户共鸣的业务情境，销售在事先摸清客户的业务专长、个性特点、兴趣爱好等情况后，选择客户感兴趣的业务情境切入话题，举例如下：

▷▷ 从发展历程切入："据我所知，贵公司创业初期只卖一款单产品，年销售额只有几百万元，仅仅用了15年的时间，现在已发展为拥有3大产品线、几十款产品的大企业，年营业收入超过10亿元，能不能请教一下，是什么原因让你们公司发展这么快的呀？""公司发展如此之快，你们在业务管理上是如何平稳过渡的呢？""过程之中遇到过什么难点和障碍吗？是如何克服的？"……

▷▷ 从行业新闻切入："这两年各地政府对楼市调控不断加码，专家预测楼市在比较长的时期内处于低迷状态，这对贵公司的发展会带来什么样的影响？贵公司会采取哪些措施来应对呢？"……

▷▷ 从公开事件切入："我看了一下你们公司网站中最近发布的消息，发现你们正准备开展一次新的业务转型，能跟我讲讲转型方向和具体计划吗？""目前进展如何？"……

▷▷ 从竞争格局切入："随着很多新兴的互联网公司纷纷进入智能汽车领域，您认为贵公司面临的主要挑战有哪些？对此又会采取哪些措施来适应竞争格局的改变呢？"……

▷▷ 从使用产品切入："贵公司从5年前就开始使用我们公司的产品和服务，我们非常感谢您这样的重要客户对我们公司的支持，因此这次来的主要目的是做一次服务回访，您能否谈谈现在的使用情况怎样？在使用我们的产品和服务过程中遇到了哪些问题、有哪些需要改进和完善的地方？"……

从以上几个例子可以看出，只要客户画像贝壳图中有足够的信息支持，销售从客户熟悉的业务情境切入就会变得非常容易。我们在组织销售队伍运用贝壳图来开展销售实战时，有些销售人员是这样评价的："BEIK 模型绝对是当下最厉害的武器。只要认真地利用好这个方法武器，没有拿不下的客户，只有不肯努力的销售。"

不过，可切入的话题多了，有时候也未必就是好事。**在拜访客户前，销售应结合拜访目标，事先把与此相关的业务情境梳理出来，排好优先次序，以备现场拜访所需。** 即使一开始与客户探讨的并非这些情境，销售也应通过巧妙的过渡，尽快将话题转移到相关情境中去。

以下是客户画像贝壳图中一些比较容易发掘出客户痛点的领域，我们以电信运营商为例进行说明：

▶▶ 企业未来发展规划：从中可以发现新的业务机会，如客户需要在多个地点设立分部，那么其分支机构之间、各分支机构与总部之间必然要建立联系，客户可能需要获得专线连接等服务。

▶▶ 竞争环境：外部竞争给客户造成压力，必然引发其做出一些改变，如可能需要使用远程视频会议系统来缩减其差旅成本支出。

▶▶ 商业模式：客户的商业模式决定其重点投入领域，这也是销售的机会，如客户的商业模式以网络营销为主，则可能需要获得云计算、大数据等相关信息服务。

▶▶ 客户服务：作为商业客户，他们对自己的客户服务普遍比较关注，因此从客户的客户出发也是发掘痛点的重要手段。

▶▶ 业务情境：客户的业务情境是企业运营的关键组成部分，其中存在大量的商业机会，如销售流程中可能需要外勤管理、安全生产流程可能需要视频监控系统等。

▶ 关键人经历：客户关键人的过往经历对其现在的行为会形成影响，如某关键人以前在其他企业效力时擅长运用大数据技术提升企业经营业绩，他到新的工作岗位后可能还会希望继续发挥自己的特长，这就是销售可能进入的机会。

此外，关于开放型问题切入，有经验的销售还有一种可供参考的方式——**从观察客户现场信息捕捉切入点**，例如，浏览公司公告栏，可了解客户内部近期的重大变化、公司战略发展方向、管理层变更、业务发展数据、销售业绩排行榜、公司内部表彰的岗位明星等信息；观察关键人办公室的字画、陈设、书籍、标语、奖杯/奖状/奖牌/奖旗等，可了解关键人的兴趣点、价值观、重点关注领域等信息。这些信息是作为开放型问题的最好切入点，很容易激发客户的兴趣和共鸣。而且，基于这些信息，销售很容易以此为话题对客户进行适当赞美（不会使赞美流于空泛而让客户感觉虚伪），建立信任。

在客户打开"话匣子"之后，不管是市场销售线还是运营管理线的客户关键人，销售的任务都是要把话题延伸到客户的痛点上去，而真正的痛点无外乎是"效率低"或"效益差"的情况，表5.1中已进行了比较完整的归纳，可作为销售拜访时的参考。

如果在开放型问题切入业务情境后，通过一定的探讨交流，客户主动提出痛点所在，此时可跟进了解痛点的具体表现。例如，若客户说"我们觉得现在的销售效率不够高，应该还有提升空间"，销售则可以追问"您认为销售效率不高主要表现在哪些方面呢"，这样就能更详细地掌握客户的真实痛点和具体表现，为后续探索痛点产生的原因、影响和具体需求奠定基础。

但是，中国人的处事习惯经常偏向于中庸、保守方式。在面对开放型问题时，客户给出的回答往往是"还好，马马虎虎……""总的来说……还凑合""还可以吧……"等。销售千万不要以为客户就真的没有痛点了，相反，这是大多数客户提示潜在需求的真正方式。此时，销售最好的回应是："您说的'还可以'到底是怎么回事？能说得具体一点吗？"如此一来，客户经过短暂思考后，或许会有更深入的信息反馈给你。

我们推崇通过开放型问题切入客户的业务情境，从而打开客户的"话匣子"。这里所说的业务情境至少包含三个层次。

（1）最低层：讲述功能与操作，包括产品、技术、服务、交易；

（2）中间层：描绘业务场景，包括生产、经营、管理；

（3）最高层：探讨行业趋势，包括公司的生存与发展。

显然，销售与客户交流的话题层次越高，客户对你的价值就更有感觉，对你的能力就会更认可，信任度也就更高。

既然客户的购买始于痛苦，痛苦的根源是期望与现实的差距，那么，**挖掘客户痛点的最有效途径只有两种：一是发现客户对现实的不满；二是找到客户对未来的期望**。在采用开放型问题切入客户的痛点时，通常是先问现状，再问期望。因此，我们可以把挖掘客户痛点的开放型问题按照客户的认知和期望再细分为两类，分别为现状类问题和期望类问题。

（1）现状类问题：一般是为了了解客户的处境及其对处境的认知，扩展当前所获知的信息，或找出某些缺失的信息，最终目的是为了从中找出客户对现状的不满，因为**不满即是痛点**。例如："目前业务发展情况怎么样？""您感觉现在……的运行情况如何？""对于……您觉得表现怎么样？""关于……（正在推进的某个项目），目前进展如何？""对于……的状况，您还满意吗？"等。

（2）期望类问题：一般是为了了解客户对未来的期望、设想或看法，发掘某些未找出的信息，最终目的是为了从中找出客户期望与现状之间的差距，因为**差距即是痛点**。例如："您认为……应该怎么样才会更好呢？""对于……您认为更理想的状况应该什么样？""关于……您还有更高的期望吗？""对于……您认为目前的状况和您的期望有什么差距吗？"等。

销售在向客户询问现状时，如果客户对现状表现出不满，说明其反馈模式为"亡羊补牢"，可以接着追问客户对哪些情况不满，从而找出其痛点的具体表现；如果客户对现状未提出不满，销售再询问其对未来的期望，若此时客户提出一些新的期望和想法，说明其反馈模式为"如虎添翼"，可以接着追问客户对未来的期望包括哪些方面，从而获得其痛点（期望未满足亦被视为一种痛苦）的具体表现。

我们在本书第5章中提到，销售在制作客户画像贝壳图时，如果信息不全，可在拜访客户时向客户当面询问或求证有关信息，以补充、修正和丰富客户画像贝壳图内容。现状类问题和期望类问题正是获取这些缺失信息的重要方法。

如果需要使用现状类问题和期望类问题向客户询问或求证与客户画像

贝壳图相关的信息，销售应在拜访客户前参照贝壳图的核心内容框架准备好相关问题，表 9.1 提供了一个示例可供参考。

表 9.1　针对客户画像贝壳图的现状类和期望类问题示例

| 信息类别 | | | 现状类问题 | 期望类问题 |
|---|---|---|---|---|
| 背景信息（B） | 发展历程 | 现在 | 目前战略定位是什么？ | |
| | | 未来 | | 未来发展方向是什么？有什么新的战略构想？ |
| | 基本信息 | 业务领域 | 目前主要业务领域有哪些？ | 将来还要拓展哪些业务？ |
| | | 收入规模 | 目前收入规模达到什么水平？ | 未来几年收入增长目标如何？ |
| | | 分支机构 | 目前在哪些地方有分支机构？分别是什么级别？ | 将来还计划增加哪些分支机构？分别是什么级别？ |
| | | 职员人数 | 总部和分支机构各有多少人？ | 未来几年总部和分支机构还有扩张计划吗？ |
| | 业务应用 | 我公司 | （应该事先准备好此类信息，不能向客户询问） | 未来还希望我们在哪些方面提供服务？ |
| | | 竞争对手 | 目前使用哪些业务？服务方面感觉如何？ | 未来还计划他们在哪些方面提供服务？ |
| 外部环境（E） | 行业环境 | 市场空间 | 目前主要的市场空间在哪些领域？ | 未来还有哪些新的市场机会？ |
| | | 竞争格局 | 目前主要的竞争对手有哪些？市场份额分别处于什么水平？主要的竞争焦点是什么？ | 未来还会有哪些竞争对手加入？市场份额将发生什么变化？未来主要的竞争焦点是什么？ |
| | | 产业政策 | 目前有哪些产业政策？主要有哪些影响？影响有多大？ | 未来几年是否还会出台新的产业政策？关于哪些方面的？将产生哪些影响？影响有多大？ |

续表

| | 信息类别 | | 现状类问题 | 期望类问题 |
|---|---|---|---|---|
| 外部环境（E） | 对外关系 | 供应商 | 目前的主要供应商是谁？来自哪里？分别供应什么产品？对公司的主要作用是什么？ | 未来计划对供应商进行调整吗？会增加谁、减少谁？新增的供应商将提供什么产品？对公司的主要作用是什么？ |
| | | 合作伙伴 | 目前的主要合作伙伴是谁？来自哪里？分别提供什么合作内容？对公司的主要作用是什么？ | 未来计划对合作伙伴进行调整吗？会增加谁、减少谁？新增的合作伙伴将提供什么合作？对公司的主要作用是什么？ |
| | | 行业协会 | 行业协会有哪些？主要承担什么职能？对公司有什么作用？ | 未来会有新的行业协会吗？主要承担什么职能？对公司有什么作用？ |
| | | 监管机构 | 监管机构有哪些？主要承担什么职能？对公司有什么作用？ | 未来会有新的监管机构吗？主要承担什么职能？对公司有什么作用？ |
| | 营销模式 | 客户来源 | 目前的客户主要来源于哪些方面、哪些地区？有多少客户？ | 未来计划拓展哪些客户？ |
| | | 客户类型 | 如何分类？各类客户的数量和收入贡献如何？ | 各类客户的数量和收入贡献有何发展规划？ |
| | | 营销渠道 | 目前主要使用哪些营销渠道？对销售的贡献分别如何？最看重什么渠道？为什么？ | 未来将对营销渠道做什么调整吗？最关注什么渠道的发展趋势？为什么？ |
| 内部组织（I） | 组织模式 | 组织架构 | 当前的组织架构怎样？是什么样的组织模式？有什么好处和弊端？ | 未来对组织架构计划调整吗？会如何调整？为什么？ |
| | | 决策流程 | 当前的决策流程是怎样的？ | 近来对决策流程会调整吗？如何调整？ |
| | | 关键人 | 决策中有哪些关键人？分别负责什么工作？ | 决策流程调整后，关键人有什么变化？ |

续表

| 信息类别 | | 现状类问题 | 期望类问题 |
|---|---|---|---|
| 商业模式 | 核心竞争力 | 当前核心竞争力来自哪些方面？有哪些受到挑战？挑战来自哪里？ | 对未来的核心竞争力有什么考虑？ |
| | 盈利模式 | 当前的盈利模式是什么？有哪些优、劣势？ | 未来计划考虑哪些新的盈利模式？为什么？ |
| | 盈利影响因素 | 当前影响盈利的因素有哪些？主要对哪些方面产生影响？影响多大？ | 未来影响盈利的因素还会有哪些？主要对哪些方面产生影响？影响多大？ |
| 内部组织（I） | 宣传广告 | 当前主要使用什么方式进行广告宣传？分别有多少成本投入？效果如何？对此满意吗？ | 将来还想使用什么方式进行广告宣传？分别有多少成本投入？ |
| | 销售服务 | 目前采取什么样的销售服务模式？有何优缺点？ | 将来计划采取什么样的销售服务模式？ |
| | 客户关系管理 | 当前如何进行客户关系管理？有何系统支撑？使用现状如何？ | 未来有什么发展计划？重点考虑如何改进？ |
| | 外勤管理 | 当前如何进行外勤管理？有何优缺点？有何系统支撑？使用现状如何？ | 未来有什么发展计划？重点考虑如何改进？ |
| | 内部管理 | 目前内部管理还有哪些方面？感觉如何？ | 未来有什么发展计划？重点考虑如何改进？ |
| | 安全监控 | 当前如何进行安全监控？有何优缺点？有何系统支撑？使用现状如何？ | 未来有什么发展计划？重点考虑如何改进？ |
| | 供应链管理 | 当前如何进行供应链管理？有何优缺点？有何系统支撑？使用现状如何？ | 未来有什么发展计划？重点考虑如何改进？ |
| | 仓储物流 | 当前仓储物流如何管理？有何优缺点？有何系统支撑？使用现状如何？ | 未来有什么发展计划？重点考虑如何改进？ |
| | 客户服务 | 当前客户服务如何管理？有何优缺点？有何系统支撑？使用现状如何？ | 未来有什么发展计划？重点考虑如何改进？ |

注：信息类别"内部组织（I）"下包含"商业模式"和"业务情境"两个分组。

| 信息类别 | | | 现状类问题 | 期望类问题 |
|---|---|---|---|---|
| 关键人（K） | 背景信息 | 上下级关系 | 所在部门（机构）由谁分管？主要向谁汇报？下辖哪些部门（机构）？ | 将来会有调整吗？如何调整？ |
| | | 关系倾向 | 主要的横向合作单位（部门）有哪些？重点合作领域是什么？ | 未来还会引入哪些合作单位（部门）？重点合作领域是什么？ |
| | 可能障碍 | 对我公司成见 | 主要哪些方面不满意？是什么原因？ | 未来希望哪些方面改进？为什么？ |
| | | 关系密切对手 | 对哪些公司（竞争对手）较满意？主要优势是什么？ | 未来还想引入哪些公司（竞争对手）？主要基于什么考虑？ |
| | | 成本倾向 | 目前认为成本高还是低？为什么？ | 未来是否希望调整？增多还是削减？为什么？ |
| | | 预算情况 | 目前预算完成情况如何？是否足够？ | 未来是否有调整计划？增多还是减少？为什么？ |

销售人员每次拜访客户都是最好的信息获取机会，必须做好充足的准备，切忌无功而返。

当然，如果在开放型问题切入业务情境后，客户海阔天空说了很多，仍然只字不提有什么痛点和问题，那么销售就需要进入下一个环节，通过引导型问题来启发客户被动提出痛点。

## 9.3　引导型问题过渡

当开放型问题未能成功引发客户说出痛点时，由于客户已经基于自己熟悉的业务情境畅谈了很多他关心的话题，处在一个较为自在的交流语境之中，对销售建立了一定的自然好感和信任，此时可以抛出引导型问题来促进客户思考其可能的痛点，具体做法是借助第三方成功故事对客户进行启发，避免直接指出客户"有病"而制造不愉快的局面。

常用的引导型问题的使用方法是：先承接客户此前谈到的某个话题，自然过渡到讲述第三方成功故事，然后提出引导型问题。成功故事的选取不求"高大上"，但求与客户行业相同、规模相当，这样才能让客户觉得有可比性、可学性，才容易触发其参考意愿和共鸣。下面举例说明。

赵总是某房地产中介公司的副总经理，某信息技术公司销售代表小孙计划向他销售一套客户营销服务系统。该系统主要针对的客户痛点和实现的应用效果如表 9.2 所示（可用来编写第三方成功故事）。

表 9.2　客户营销服务系统的痛点 / 效果关系表

| 序号 | 客户痛点 | 应用效果 |
| --- | --- | --- |
| ① | 由于销售人员流动性大，客户关系和客户信息经常被离职的销售员带走，甚至很多即将成交的商机也随之流失，导致公司收入和利润受到较大影响，销售业绩下滑严重。 | 云主机存放客户信息和商机，所有信息和销售动作更新都在云上进行，确保公司及时准确掌握信息。 |
| ② | 销售员总是以带客户看房为由成天在外面跑，有些人可能干的是自己的私活，但公司无法掌控，管理成本高。 | 通过手机定位和上传拍照应用，销售员外出情况一目了然。 |
| ③ | 销售员外呼电话多，公司电话费成本高，一直难以抑制，影响了利润率。 | 通过云呼叫应用一举降低话费 60% 以上。 |

由于赵总在开放型问题切入后始终未主动谈及目前存在的痛点，小孙在拜访之前已设计好了一个第三方公司（行业内知名企业 A 地产公司）的成功故事，应用过程如下。

第一步，承接前面话题："赵总，您刚才谈到政策调控下楼市的发展走向和对未来经济社会的影响，显然是深刻参透了宏观经济形势和行业规律的真知灼见，让我受益匪浅。另外，您对公司的经营运营如此用心和专业，很多经验都值得其他企业借鉴。"

第二步，自然过渡到第三方成功故事："您知道地产行业的 A 公司吧？这家公司分管市场的副总前两年受到好几个问题的困扰，包括销售业绩不理想、成本控制不力、收入和利润下滑等。问题原因有三个：一是销售人员流动性大，客户关系和客户信息经常被离职的销售员带走，甚至很多即将成交的商机也随之流失，使得公司收入和利润受到较大影响；二是他们的销售员总是以带客户看房为由成天在外面跑，有些人甚至干的是私活，但公司无法掌控他们的去向，管理成本高；三是销售员外呼电话多，公司电话费居高不下，一直难以控制，影响了利润率。他当时表示，一定要找出一种有效管控客户营销服务的方式，让客户商机、销售员和运营成本都处在可控的状态下。为此，我们给 A 公司提供了他们所需的能力。结果半年之后，客户商机信息被带走的情况基本被杜绝了，销售员也不会在外面瞎跑了，公司的销售业绩提升了 48%，电话费降低了 62%。"

第三步，提出引导型问题："我刚才说到 A 公司的这些情况，不知道贵公司有没有出现过？能不能谈谈您有哪些好的管理经验？"

完成以上步骤后，接下来就是等待和观察客户的反应了。一般情况下，客户的反应无外乎以下四种（基斯·伊迪斯，2014）。

第一种，"我们也面临同样的问题。"

第二种，"我们面临不同的问题。"

第三种，"我们不存在这些问题。"

第四种，"我们也有类似问题，不过已开始准备解决了。"

第一种情况：说明客户被动提出了痛点，是一个潜在的销售机会。此时销售可跟进了解痛点的具体表现，为后续探索具体需求奠定基础。

第二种情况：说明客户被动承认了痛点，只不过痛点不是销售所预期的而已，但这同样也是潜在的销售机会。此时销售需跟进询问："那您面临的主要是什么问题，具体有哪些表现呢？"然后虔诚地等待客户说出他的痛点和表现，详细记录下来，为后续探索具体需求作准备。

第三种情况：说明客户对你预设的痛点无感觉，但未必没有其他的、甚至更深层次的痛点。此时销售可跟进询问，如："您太厉害啦！说明您在商机管理、销售员外勤管理和外呼营销管理方面都有不少好方法、好经验，能不能透露一些，让我向您学几招啊？"此后，如果客户将话题转入你期望的方向并说出新的痛点，回到第二种情况进行处理；如果不是，且客户态度尚属友好，则想办法再次进行引导型提问，若此时客户态度不友好，则应回到开放型问题切入其他业务场景或新话题。如果以上都不是，很可能客户并无购买欲望，属于"我行我素"或"班门弄斧"反馈模式，销售可考虑撤退，不必穷追猛打了。

第四种情况：说明客户意识到了痛点，并已经开始准备解决，但其计划引入的供应商是别人，或打算干脆在公司内部解决，总之不是你。显然，这不是一个好的销售机会，涉及竞争应对策略，销售要么退出，要么迎难而上。对此，我们将在后面的篇章中阐述。

总之，使用引导型问题过渡的具体做法就是希望借助第三方成功故事启发客户被动提出痛点，并让客户把痛点的具体表现表达出来。达到了这个目的，则有机会在后面开展继续探索需求、提供方案，否则销售动作很可能终止。

# 9.4 确认型问题总结

不管客户在交谈中是主动还是被动提出痛点，当客户把痛点和表现向销售和盘托出之后，专业的销售还需要做一个简短的总结，采用确认型问题来处理。

具体例子如下："您刚才谈到公司目前出现了营业收入和利润下降的问题，具体表现在有效商机流失严重、销售员工作时间干私活、电话费居高不下等几个方面，是这样吗？"

这个总结的目的是双方确认共识，避免遗漏重要信息。通常来说，只要客户没有心理疾病，一定会对自己刚刚谈到的痛点予以承认，顶多再补充一些必要的信息，而这恰恰也是销售希望听到的。所以，当客户对这个确认型问题回答后，挖掘痛点的工作也就宣告完成了。

最后，我们把挖掘客户痛点的步骤整理为图 9.1 所示的流程图，可供读者在实践中参考对照。

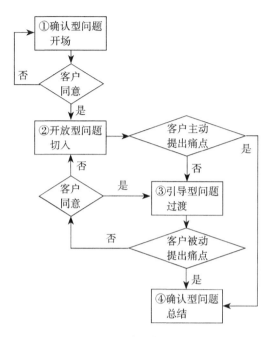

**图 9.1 切入客户痛点的基本流程**

**要点回顾**

购买始于痛苦，销售始于信任。因此，在开展销售之前，首要任务就是要挖掘出客户的痛点。

本章介绍了销售拜访中常用的三类问题，即开放型问题、引导型问题和确认型问题，阐述了它们的应用场景和主要提问形式。

随后，我们介绍了如何与客户建立个人可信度及和谐关系并过渡到让客户承认痛苦方法和步骤，包括通过确认型问题开场，与客户建立初步信任；开放型问题切入，用业务情境激发客户共鸣；引导型问题过渡，用第三方成功故事启发客户思考；确认型问题总结，让客户承认痛苦。

最后，我们把挖掘客户痛点的步骤按照逻辑整理成流程图，供读者参考对照。

**练 习**

请针对你即将拜访的某个客户关键人，运用本章介绍的技巧设计一套挖掘痛点的问题，并在实际拜访中灵活使用。

（1）确认型问题开场：_____

_____

_____

_____

_____

（2）开放型问题切入：_____

_____

_____

_____

_____

（3）引导型问题过渡：_____

_____

_____

_____

_____

（4）确认型问题总结：_____

_____

_____

_____

# 第10章 基于内核表诊断客户概念

在开始本章的内容之前，我们先来简单回顾一下前面的篇章中得出的一些关键性结论和判断：

（1）理想与现实的差距带来的痛苦，是激发客户购买的源泉。

（2）增长模式和困境模式都是购买欲望大于零的表现，说明客户有痛点，是销售的重点关注对象。

（3）客户可能的痛点可归纳为两大类，一是降本增效，二是开源增收，归结为需要解决的问题为效率和效益问题。

（4）在为客户提供方案之前必须了解客户的"购买冰山"，包括购买动机、需解决的问题或障碍及其带来的影响、客户对未来的期望和具体需求等。

（5）客户购买的不是产品，而是解决问题和障碍的能力。

（6）销售的成功应基于客户视角，以客户的业务情境切入，并以客户化的语言开展沟通。

（7）客户的业务情境包括市场销售和运营管理两条主线。

（8）客户概念就是客户的认知与期望，是希望"实现什么、解决什么、避免什么"的想法，可以用包含原因、影响和能力三要素的客户概念 RIC 表来描述和展示。

作为销售过程中最关键、最核心的环节，销售拜访中最核心的目的是完整、清晰地了解客户的购买动机、需解决的问题或障碍及其带来的影响、客户对未来的期望和具体需求，实质上就是要全面掌握、厘清客户的概念，了解客户"购买冰山"之下的全部内容，而非仅仅是需求本身，这就是本章要阐述的主要方法和内容。

特别需要说明的是，售前准备阶段所制定的客户概念 RIC 表只是一种基于经验的预判或基于产品的概要分析，而现实中每个客户、每个关键人的概念和关注点都会有所差异，甚至在拜访过程中销售还会获得客户的一些新想法（销售可以据此对客户概念 RIC 表进行不断完善）。销售在完成拜访后可以对每个特定的客户单独形成一张完整的、个性化的客户概念 RIC 表。但是，在拜访客户的过程中，售前准备好的 RIC 表仍然是销售对客户概念进行全面诊断的最关键的基础。

在客户承认既有的痛点及其表现之后，销售需要继续使用顾问式谈话技巧来诊断客户概念，具体步骤如下：

（1）了解感知问原因：即找出客户痛点产生的原因；

（2）探寻感受问影响：即找到目前的痛点对哪些人、哪些部门产生了什么影响，影响程度如何；

（3）征询期望问能力：即了解客户在解决当前的痛点方面需要具备哪些能力。

在以上每一个步骤中，最简捷易行的提问进程安排与挖掘痛点的过程类似，只不过此时已经处于客户的业务情境之中，无须再进行开场确认。因此，诊断客户概念的提问进程如下：

（1）开放型问题切入；

（2）引导型问题过渡；

（3）确认型问题总结。

如果将以上三个步骤和三个提问进程进行综合，就可以得到一个诊断客户概念的九宫格模型（如图10.1所示），我们称为概念诊断九宫格（基斯·伊迪斯，2014）。具体操作步骤举例说明如下。

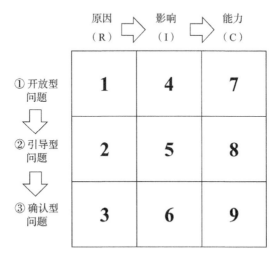

**图 10.1　概念诊断九宫格**

## 10.1　了解感知问原因

在完成客户痛点挖掘并得到客户确认后，诊断客户概念的第一阶段是了解痛苦产生的原因，也就是客户对痛点的感知，对应进程为概念诊断九宫格的第一列。

（1）开放型问题切入，对应九宫格的第一格，也就是 R1。例如："是什么原因让您觉得……""您认为出现……的原因是什么？""之所以……主要原因有哪些呢？"等。当客户海阔天空、越扯越远的时候，销售需要适时进入下一步，提出引导型问题，以便尽快准确找到真正的原因。

（2）引导型问题过渡，对应九宫格的第二格，也就是 R2。例如："出现……的情况，会不会是因为……还是因为……""之所以……您认为有没有可能是……的原因，或是……的原因？""这种情况是不是因为……或是因为……"等。当然，如果事前准备好了第三方成功故事，也可以借助第三方的痛苦原因进行引导性提问，例如"我们的 ×× 客户之前也遇到了和您同样的情况（痛苦），当时主要是由于……等几方面原因造成的，您的公司是否也有类似的原因呢？"当客户在引导之下提出真正的原因之后，销售接下来还要对其进行总结确认。

（3）确认型问题总结，对应九宫格的第三格，也就是 R3。例如："根据您刚才所说，我的理解是，造成……的原因主要是……对吗？""那么，出现……的情况，我可以理解为主要是因为……对不对？"等。销售提出确认型问题对原因进行总结，一方面是确保所获得的信息与客户同步，夯实沟通的成果；另一方面是让客户知道你真的理解他们的痛点以及痛苦产生的原因，这也是积累客户对你的信任的一种重要方式。

## 10.2　探寻感受问影响

在客户确认痛点并找到其产生的原因之后，诊断客户概念的第二阶段是探寻当前的痛点对谁产生了影响、产生了什么影响，以及这些影响有多大，也就是找到客户对痛点的感受，目的是为销售提供的方案找到其价值所在，对应程序为概念诊断九宫格的第二列。

（1）开放型问题切入，对应九宫格的第四格，也就是 I1。例如："除了您之外，贵公司还有谁受到这个……的影响？具体影响到哪些方面？影响到什么样的程度呢？"这类问题鼓励客户思考公司里是否还有其他部门、其他人员受到这个痛点的影响。但是，当客户没有合适的答案时，销售需要适时进入下一步，提出引导型问题，以便尽快找到其他受影响的人。

（2）引导型问题过渡，对应九宫格的第五格，也就是 I2。例如："如果说您现在面临……的情况（痛点），那和您相关的 ×× 部门……会不会也同样……还有 ×× 是不是也会受到一定的影响呢？"在提出此类引导型问题之前，销售最好提前熟悉客户的组织架构，掌握尽可能多的相关关键人信息（具体可参考客户画像贝壳图）。当然，此处仍可引入第三方成功故事对客户进行启发，例如："我们的 ×× 客户之前也遇到了和您同样的情况（痛苦），当时不但影响了……还对 ×× 部门和……等人造成了不小的影响，包括……等，贵公司也有类似情况吗？"当客户在引导之下说出受影响的部门或关键人、受影响的程度之后，销售接下来也要对这些信息进行总结确认。

（3）确认型问题总结，对应九宫格的第六格，也就是 I3。例如："根据您刚才所说，我的理解是……（痛点）不光对您造成了困扰，还对××、×× 等造成了较大的影响。所以，这不仅仅是你职责范围内的问题，还是整个公司的大问题，是这样吗？"通过类似的总结，销售同时也把客户的痛点提升到一个更高的地位，更容易激发客户解决问题的动力。

## 10.3　征询期望问能力

在掌握客户痛点产生的原因和影响之后，诊断客户概念的第三阶段是了解客户对解决当前痛点所需能力的想法和期望，为销售提供的方案找到落脚点，对应程序为概念诊断九宫格的第三列。

（1）开放型问题切入，对应九宫格的第七格，也就是 C1。例如："基于刚才谈到的原因和影响，您打算如何解决这个问题呢？""为了解决这方面问题，您有什么具体想法呢？""从您刚才的分析来看，显然这个问题给公司带来了不小的影响，您计划怎么来解决它呢？"等。这类问题鼓励客户自我思考解决问题所需的能力。一旦由其自己提出，客户必然视为己有，承担责任，有利于销售进程往前发展。但是，当客户没有合适的答案时，销售同样需要适时进入下一步，提出引导型问题，以便尽快帮助客户找到合适的解决问题的方法。

（2）引导型问题过渡，对应九宫格的第八格，也就是 C2。例如："我能不能提一点想法，当您在遇到……情况时，如果……那么……这样对您会不会有帮助呢？""您刚才提到，（痛点）的原因之一是……如果他们能够……对现状的改变会不会有些帮助呢？"等。当然，此处仍可引入第三方成功故事对客户进行启发，例如"我们的××客户之前也遇到了和您同样的情况（痛点），当时他们提出……后来通过……成功地解决了这个问题，您认为这样来解决的话，对贵公司有参考价值吗？"当客户在引导之下说出针对自己的痛点需要的能力之后，销售接下来也要对这些信息进行总结确认。

（3）确认型问题总结，对应九宫格的第九格，也就是C3。例如："那么，据我的理解，当发生……的情况时，如果您（或某人）有能力来……的话，您认为就可以有效解决我们刚才所探讨的……问题，是这样吗？"通过类似的总结，销售再次确认客户关于解决问题的能力构想，让客户感受到你与他站在同一立场之上，提升对你的信任。

到此为止，我们把概念诊断九宫格的操作步骤进行了详细说明，接下来的问题就是如何把它应用到实际的客户拜访中去了。

## 10.4　概念诊断九宫格的应用

销售在拜访客户时，为了始终与客户保持同样的视角、用客户化的语言进行交流，除了熟悉客户画像、融入客户的业务情境之外，充分用好售前准备的内核表是诊断客户概念的最有力武器。

在本书第6章介绍客户概念内核表时，我们要求销售在拜访客户关键人之前准备好这张表，其目的是为了对客户概念进行预判。该表可反映出销售对公司产品和方案的熟悉程度。销售对此越熟悉，越容易让客户感觉你是解决问题的专家，从而对你越信任，同时也越容易发现客户的痛点和问题，找到销售的切入点。客户概念内核表对客户概念所包含的原因、影响和能力已有初步的描述，对于现场拜访客户、诊断出真实的客户概念具有引导性作用，特别适合于在本阶段作为"引导型问题过渡"来使用，对应九宫格第二行的三个问题。

为了简要说明内核表在诊断客户真实概念时的用法，我们对表 6.4 所示的内核表进行了精简、优化，变成表 10.1 所示的样子，以免篇幅过于冗长、烦琐。

**表 10.1　金利亚酒店钱总的客户概念内核表（精简优化版）**

痛点及表现：不能完成营业收入预算目标
客户及行业：金利亚连锁酒店集团，旅游酒店行业
姓名与职位：钱总，区域副总裁（分管业务经营）
产品与方案：智慧酒店解决方案

| 原因（Reason） | 影响（Influence） | | 能力（Capability） |
|---|---|---|---|
| ①多间客房共用 Wi-Fi，客人感觉网速慢，且担心不安全 | √ | 无法完成营收预算目标 | ①每间客房高带宽网络接入，有独立 Wi-Fi 覆盖、统一管理，并实现安全认证，让客户放心使用 |
| | √ | 区域业绩下滑，影响到总部对个人的考评和绩效 | ②低成本升级门锁、空调、窗户、开关等设施，酒店大堂、餐厅等公共区域有 Wi-Fi 覆盖，客房可定制电视门户，如个性化欢迎页、电视主页，可配合酒店活动要求发布广告、通知等 |
| ②酒店装修和对外形象日益落伍，受竞争挤压严重，住客评价不理想，影响客源 | √ | 分管财务副总裁对企业发展产生忧虑 | |
| | √ | 员工奖金下降，士气低落，流失率加大 | |

接下来我们将基于以上内核表，运用九宫格方法，对金利亚酒店钱总开展客户概念诊断。**谨记：以上 RIC 表只是销售拜访前对客户概念的预判，关于钱总真实、全面的概念需要在销售拜访中通过九宫格诊断方法来获取、修正、完善，并可作为行业内其他类似客户关键人概念的参考。**

鉴于本书第 9 章已经介绍客户痛点的挖掘方法，在此我们假设客户痛点已经明确，并且已获得客户承认。为此，我们将以"不能完成营业收入预算目标"作为金利亚连锁酒店集团区域副总裁钱总的痛点展开概念诊断。我们再假设痛点挖掘时已获知营收目标缺口是 300 万元，下面是概念诊断九宫格方法运用的完整示例。

## 第一阶段，了解感知问原因（九宫格第一列）

（1）开放型问题切入（九宫格第一格：R1）。

销售人员："您认为导致不能完成营业收入预算目标的原因是什么？"

客户："我也一直在思考这个问题。前几年我们酒店一直运转得不错，只是从去年上半年开始出了一些状况，为此我确实有一些担忧。"

说明：此时若客户愿意自我剖析具体原因，销售人员只要追问下去即可，但实际情况是客户对开放式问题没有正面反馈，也不愿意详谈，因此销售需要进入下一步引导环节。

（2）引导型问题过渡（九宫格第二格：R2）。

销售人员："据我所知，近来有不少酒店也出现了业绩下滑的情况，比如我们的另一家客户 ×× 酒店就是这样。上次我拜访他们的 ×× 副总时，他曾提到这些年酒店入住的客人对服务需求有了一些新的变化，比如客人在使用 Wi-Fi 上网时，由于是多间客房共用一个 AP 路由器接入，客人感觉网速比较慢，还会担心应用账号、密码被盗，感觉不安全，因此这类客人住过一次后就不会再选择住这家酒店了。您的酒店是否也有类似的情况呢？"

客户："是的，这种情况在我们酒店也有。我让后台人员查过，确实有一些以前常住的客人好久都没有来住了，你说的情况的确是一个原因。"

销售人员："您估计这样的客人在您负责管理的酒店中加起来会有多少？"

客户："会有 300 个左右吧。"

销售人员："以前这些人平均每年会来酒店住多少天？带来多少业务收入呢？"

客户："估计平均每人住 10~15 天，每人的年消费额 5000 元左右吧。"

销售人员："这么算下来，由于这些回头客的流失，仅此一项，您一年就可能损失 150 万元的业务收入，是吗？"

客户："大概差不多。"

说明：此时销售人员找出了导致客户痛点的第一条原因，还意外地获得了由此给客户造成的营收损失数据。接下来继续询问其他可能的原因，直到穷尽。本示例仅按两条原因进行展示，读者参考时可以举一反三进行应用。

销售人员："另外，现在各种类型的酒店遍地开花，竞争越来越激烈。有些客人对酒店的装修、家具、室内布置、配套设施、服务、对外形象等也很看重，一旦住得不满意，还喜欢在网上发表负面评论，影响新客源入住。您的酒店有没有这种情况？"

客户："还真是有。这个问题比刚才说到的上网安全可能还要严重，毕竟住客在网上发表评论是不受控制的。现在的消费者在预订之前都会去浏览住客评论，一旦出现几个差评，原来想预订的客人就可能会打退堂鼓了。"

销售人员："那您有没有评估过因此带来的损失有多大呀？"

客户："这个不太好估算，不过我们对网上的浏览数据和客人的预订信息做过对比，发现前几年浏览我们酒店页面的客人最终预订并入住的比例大概有16%，今年这个数字下降到了11%，这是个让人悲观的信号。"

销售人员："如果按此估算，您负责管理的所有酒店加起来，一年大概会损失多少客人、多少入住天数？"

客户："每年会少掉大约2000位客人，按人均2.5天计算，大概损失5000个入住天数吧。"

销售人员："每人每天大概消费多少？"

客户："按400元计算差不多吧。"

销售人员："这么算下来，这一项带来的营收损失一年也有200万元了，对吗？"

客户："嗯，我觉得大概有这么多。"

说明：到此为止，销售人员已找出引发客户痛点的两条原因及其给客户造成的营收损失情况。我们姑且认为痛苦原因已经穷尽，毕竟只是一个示例，不可能把全部的客户概念都罗列一遍。接下来是确认信息的环节。

（3）确认型问题总结（九宫格第三格：R3）。

销售人员："那么，根据我们刚才的讨论，您认为不能完成营收预算目标的原因是：第一，由于上网条件所限，多间客房共用 Wi-Fi 导致网速慢、使用安全感差，使得回头客大量减少；第二，客人对酒店目前的装修、设施和服务等不满意，导致网上出现了一些负面评论，影响新客源入住。这两方面加起来让您一年的营收损失大约有 300 万元，是这样吗？"

客户："是的。"

## 第二阶段，探寻感受问影响（九宫格第二列）

（4）开放型问题切入（九宫格第四格：I1）。

销售人员："除了您本人之外，贵公司还有谁会因为不能完成营收预算目标而受到影响？他们是如何受影响的呢？"

客户："由于区域业绩下滑，我个人受影响是肯定的，首先总部对我个人的业绩考评不会好，年度绩效工资会打折扣。当然，这也会给其他方面造成一些影响。"

说明：此时若客户愿意分享其他方面的影响，销售人员只要追问下去即可，但实际情况是客户对开放式问题没有全面回答，也不愿意深入探讨，因此销售需要进入下一步引导环节。

（5）引导型问题过渡（九宫格第五格：I2）。

销售人员："分管财务的副总裁是否会受到区域营收预算目标不能完成的影响？"

客户："当然会，如果其他区域也出现类似情况，那他的压力会更大。"

销售人员："除此之外，员工有没有可能受影响呢？"

客户："是的，区域营收业绩不好，所有员工的绩效奖金都要下浮。其实很多员工已经从入住率下降嗅到了降薪的味道，我感觉现在员工的士气比原来差了不少，近来有几个骨干辞职了，对稳定人员队伍带来了一些负面的影响。"

销售人员："贵公司谁负责整体市场发展？"

客户："各区域老总都有责任，如果多个区域业绩不好，总经理聂××都会受影响。"

说明：到此为止，我们假设受影响的关键人及影响的主要方面已经穷尽，接下来也要对这些信息进行确认。

（6）确认型问题总结（九宫格第六格：I3）。

销售人员："根据我刚才听您所说，看来因为不能完成营收预算目标受影响的不仅是您，还涉及公司分管财务的副总裁，还有广大的员工，甚至可能波及公司的总经理。因此，这不仅仅是您职责范围内的问题，还是整个公司的大问题，是这样吗？"

客户："我同意你的说法。看来你对我们公司的情况了解不少。"

## 第三阶段，征询期望问能力（九宫格第三列）

（7）开放型问题切入（九宫格第七格：C1）。

销售人员："基于刚才谈到的原因和影响，为了完成收入预算目标，您有什么打算和想法呢？"

客户："很显然，一方面要改善上网条件，尽量留住回头客；另一方面还要尽快提升酒店的设施和服务水平，从根本上减少网上的差评，扩大客源。不过，这些事情涉及不少的资金投入，目前我暂时没有想到具体方案。"

说明：此时若客户愿意提出自己的具体想法，销售人员只要追问下去即可，但实际情况是客户并无这个意愿，因此销售需要进入下一步引导环节。

（8）引导型问题过渡（九宫格第八格：C2）。

销售人员："您刚才提到要改善上网条件，留住回头客。如果每间客房都有高带宽的网络接入，安装独立的 AP 路由器，并实现安全认证和统一管理，这样不但能让每一个住客实现高速无线上网，还能让客人安心使用，没有安全顾虑。如此一来，那些对上网要求高的客人就不会跑掉了。您觉得这样对挽留回头客会不会有帮助呢？"

客户："这个想法听起来是不错。"

销售人员："如果能做到的话，您认为一年的回头客能否增加 300 人以上、营业收入增加 150 万元呢？"

客户："理论上看是可以的，不过估计要逐步提升吧。"

销售人员："那您估计第一年能增加多少？"

客户："希望有八成，大概 120 万元吧。"

说明：在和客户讨论解决问题的能力时，每一种能力尽量一次性探讨明白，让客户对如何解决某个问题（引发痛点的原因）有一个完整、清晰的了解。至此，第一种能力讨论完毕，接下来进入第二种能力的探讨。

销售人员："另外，您刚才还提到了希望提升酒店的设施和服务水平，从根本上减少差评，扩大客源。如果能够低成本实现对门锁、空调、窗户、开关等设施的智能化升级，在酒店大堂、餐厅等公共区域覆盖 Wi-Fi 信号，对客房的电视门户定制个性化欢迎页、电视主页，适时发布广告、通知等，这样是不是能让客人感觉酒店"高大上"了很多，还有助于减少差评、扩大客源呢？"

客户："这个想法听起来也挺不错。"

销售人员："如果能做到的话，您认为一年的新增客人能否提升 2000 人以上、营业收入增加 200 万元呢？"

客户："理论上看也是可以的，不过估计同样要逐步提升。"

销售人员："那您估计第一年能增加多少？"

客户："希望有九成，大概 180 万元吧。"

说明：以上是基于售前准备的内核表展开的对话，现实的销售场景未必与此一致。如果客户提出新的不同想法，现场可以确认，事后可以增补、更新其客户概念内核表。当客户在引导之下认可解决当下问题所需的能力之后，销售接下来还要对这些信息进行确认。

（9）确认型问题总结（九宫格第九格：C3）。

销售人员："钱总，我把刚才咱们讨论的内容小结一下。如果您能够：a. 在所有房间让住客实现高速、安全无线上网，留住回头客；b. 通过低成本实现智能化升级、公共 Wi-Fi 覆盖和定制化的客房电视门户，从而减少差评、扩大客源，那么您负责管理的区域年营业收入将增加 300 万元，困扰您的问题也能够得到有效解决，是这样吗？"

客户："我想是这样的。我们具体该怎么做呢？"

销售人员："嗯，针对刚才谈到的问题，我们公司确实有成熟的解决方案和一些成功案例。我回去整理好您的需求后再给您出一个专门的方案。您看可以吗？"

客户："那当然好啊！我非常期待。"

到此为止，我们通过一个实例把概念诊断九宫格完整应用了一遍。销售人员通过轮番使用开放型问题、引导型问题和确认型问题，历经三个阶段，对客户关键人的概念进行了全面的诊断，掌握了客户痛点产生的原因、造成的影响、期望得到的解决问题的能力，完整覆盖了客户购买决策过程中的 Why、How、What 三大问题，也是客户"购买冰山"中隐藏于水下的内容。随着"What"问题的解决，客户的具体需求即将浮出水面。此时，谈话转变为客户向销售发问，寻求具体应该怎么做，为销售人员向客户呈现解决方案提供了契机，也为双方之间建立互信关系、共同推进购买决策奠定了坚实的基础。

在客户概念的诊断过程中，每个阶段的最后一步都是用确认型问题来收结，目的是让客户重视自己说过的话、得出的结论，虽然这些内容可能是经过销售引导后表达出来的，那也应视为客户自己的观点和想法。心理学理论认为，所有人对自己得出的结论往往会誓死捍卫，因此，专业的销售要学会把自己想说的话，让客户说出来，并变成客户得出的结论。作为销售，就是要在概念诊断阶段让客户把自己的想法主动告诉你，或者把你的想法通过交谈逐渐转移到客户的脑袋里，让客户感觉是他而不是你在做出决策。就好像你知道前面的路怎么走，也要假装是他发现的路标。

需要再次说明的是，**客户的公司没有概念，只有关键人才有概念。**因此，当销售面对客户中的多个关键人时，必须针对每个关键人进行预判、制定其独立的内核表，并据此运用九宫格方法展开对该关键人的概念诊断，直到获得其真实、完整的概念。

另外，在对客户某个特定关键人进行概念诊断的过程中，有可能是通过多次拜访来展开的，例如第一次仅了解痛点产生的原因，第二次了解影响，第三次才探寻到客户所需能力；更有甚者，销售还有可能拜访客户两次以上才了解到客户痛点产生的原因。这些都要由销售人员在实际的销售拜访中根据实际情况灵活安排，没有一成不变的规则可循。但可以确定的是，随着销售运用九宫格方法日趋熟练，随着各类关键人的客户概念 RIC 表日益丰富，销售拜访客户的效率会随之不断提高，赢单机率也会随之逐渐得到提升。

## 要点回顾

本章阐述销售过程中最关键、最核心的环节——客户概念诊断，目的是完整、清晰地了解客户的购买动机、需解决的问题或障碍及其带来的影响、客户对未来的期望和具体需求，了解客户"购买冰山"之下的全部内容，而非仅仅是需求本身。

在客户承认既有的痛点及其表现之后，本章介绍了基于内核表的客户概念诊断九宫格方法，并通过一个实际案例，对九宫格方法的运用进行全面、详细的阐述。

在九宫格方法的运用过程中，销售人员通过轮番使用开放型问题、引导型问题和确认型问题，历经了解感知问原因、探寻感受问影响、征询期望问能力三个阶段，对客户关键人的概念进行全面诊断，借此掌握客户痛点产生的原因、造成的影响、期望得到的解决问题的能力。

概念诊断九宫格完整覆盖了客户购买决策过程中的 Why、How、What 三大问题，即"购买冰山"水下的部分。随着三大问题的解决，客户的具体需求即将浮出水面。当双方谈话转变为客户向销售发问、寻求具体解决办法时，正是销售人员呈现方案、帮助客户购买的恰当机会。

**练 习**

请针对你某个客户关键人的 RIC 表，设计概念诊断九宫格的相关问题，并在实际拜访中进行应用。

客户痛点及表现：_____

（1）了解感知问原因

开放型问题切入：_____

引导型问题过渡：_____

_____

确认型问题总结：_____

_____

（2）探寻感受问影响

开放型问题切入：_____

引导型问题过渡：_____

_____

确认型问题总结：_____

_____

（3）征询期望问能力

开放型问题切入：_____

引导型问题过渡：_____

_____

确认型问题总结：_____

_____

# 第 11 章　基于拜访总结
# 获取行动承诺

我们在第 8 章中谈到，销售在拜访客户之前，必须根据自己的单一销售目标和现阶段的销售进程，制定销售拜访目标，即客户的最佳行动承诺和最低行动承诺。销售在每次拜访结束之前，必须向客户索取一个行动承诺，推动客户与自己一起"上台阶"，实现"分层升级"，以期在多次拜访之后，最终实现单一销售目标。

本章主要介绍基于拜访总结获取客户行动承诺的具体方法。在介绍该方法之前，我们先说说如何获取销售类信息。

## 11.1　销售类信息获取

我们在本书第 9 章、第 10 章中详细阐述了挖掘客户痛点、诊断客户概念的方法。在现实的 B2B 销售中，除了掌握上述内容，还有一类信息需要随着销售进程逐步了解，这就是销售类信息，它决定着销售动作如何一步步往前推进。

销售类信息一般包括：

▶▶ 与采购决策相关的关键人有哪些？

▶▶ 决策流程如何？

▶▶ 客户对购买的进度安排如何？

▶▶ 有哪些采购政策需要了解？

▶▶ 竞争对手有哪些？他们的销售状态和工作进展如何？

▶▶ 客户对竞争对手的态度怎么样？

▶▶ ……

为了让销售对以上信息有一个结构化的了解，可以将它们按照"3W1H"四类问题来进行梳理，即 What、When、Who 和 How，具体如表 11.1 所示。

表 11.1　销售类信息列表

| 信息类型 | 问题举例 |
|---|---|
| What | ▶▶ 你在此次采购决策中负责什么工作？<br>▶▶ 对该项采购有什么特别的管理政策吗？<br>▶▶ 公司有没有什么人事变动？（如果有）会对此次采购产生什么影响？ |
| When | ▶▶ 你们的采购时间进度计划如何？<br>▶▶ 你们有没有为采购决策设定时间表？<br>▶▶ 希望什么时间实施？何时见到效果？ |

| 信息类型 | 问题举例 |
|---|---|
| Who | ▷ 除了你还有谁参与采购决策？<br>▷ 具体采购还有哪些人评估？<br>▷ 谁负责技术标准？谈判？<br>▷ 哪一位是负责最后拍板的？<br>▷ 公司将安排哪些人具体来对接落实？<br>▷ 除了我们，还在考虑哪些供应商？ |
| How | ▷ 你们公司的决策流程是怎样的？<br>▷ 他们（竞争对手）的销售状态和工作进展如何？<br>▷ 他们（竞争对手）的表现如何？你认为哪里比较满意，哪里不够满意？ |

一般来说，销售类信息往往在客户有购买意向时由销售人员择机询问，但有些问题可以在接触客户的初期开始就逐步了解，如关键人信息、竞争信息等，以便在后续的行动中有效应对。

在上述销售类问题中，关于"When"的问题需要特别予以说明。销售在挖掘出客户痛点和完成概念诊断后，要及时向客户提出一个关于"When"的问题，目的是判断客户目前的概念是一个有效商机还是仅仅为一个线索，这个动作称为"**商机检验**"。例如，销售问客户："对于您刚才提到的这些问题和想法，公司打算什么时候着手解决？有明确的实施计划吗？"如果客户回答："当然，这是我们公司今年的重点工作，已列为公司级任务，年内必须解决。"说明这是一个明确的商机，销售需要迅速跟进；如果客户回答："目前还只是一个初步想法，待我们内部沟通后看情况再说。"说明这暂时只是一个商机线索，销售可以密切关注，但还不到展开实质性销售的阶段。

不管怎样，只要涉及销售类信息的获取，销售人员在拜访客户前都要把相关问题与"一图一表""一见一诺"同时准备好，以便在与客户会谈中择机提出。具体提问场景由销售人员灵活掌握，在此不详细展开。

## 11.2 拜访总结

作为专业销售，每次拜访客户即将结束时，必须采取的动作是拜访总结，而客户的行动承诺就是基于拜访总结来获取，它宣告了一次拜访的完结，也预示着销售进程往前推进了一步。

销售拜访总结通常要和以下内容建立关联（夏凯，2016）：

▷▷ 对拜访沟通过程的回顾。

▷▷ 双方达成的共识。

▷▷ 后续工作计划。

▷▷ 对销售进程的推进。

▷▷ 其他需要特别提及的内容。

下面是一个拜访总结的基本格式：

（1）收结："我对今天的交流简要回顾总结一下……"

（2）总结信息与过程："刚才我们就……（话题）进行了交流……您谈到了……我们也表达了……"

（3）回顾双方的共识："我们都认为……您也希望……"

（4）后续工作计划："接下来您将……我们将……您看是这样吗？"

（5）感谢与期望："感谢您付出的宝贵时间……我们一定……期望双方共同努力，实现……"

在现实的拜访总结中，销售可以根据现场交流的实际情况对以上信息进行调整和裁剪，只要尽量符合当时的情境和适应客户关键人的谈话风格即可。接下来我们以本书第 10 章销售拜访金利亚酒店钱总的场景为例，对该次拜访进行总结，内容如下：

"（收结）钱总，今天很高兴和您做一次交流，我对刚才的交流内容作一个简要的回顾总结：

"（总结信息与过程）刚才我们就贵酒店营业收入预算目标的完成情况（话题）进行了交流，您谈到了由于上网条件所限，回头客大量减少，以及客人对装修、设施和服务等不满意引发了一些负面评论，导致新客源减少。以上两方面的原因加起来使得您所负责管理的酒店年营业收入损失了大约 300 万元。同时，您还谈到，如果不能完成营收预算目标，受影响的不仅是您，还涉及公司分管财务的副总裁，以及广大的员工，甚至可能波及公司的总经理。

"（回顾双方的共识）我们都认为，这不仅仅是您职责范围内的问题，也是整个公司的大问题。您希望通过改善上网条件，尽量留住回头客，还希望尽快提升酒店的设施和服务水平，从根本上减少网上的差评，扩大客源。

"（后续工作计划）接下来您将计划在所有房间让住客实现高速、安全无线上网，并期望通过低成本的方式实现智能化升级改造，提升服务水平和企业形象，以此来完成营业收入预算缺口，解决困扰您的问题。为此，我将回去整理好您的需求后，给您专门出一个针对性的方案。您看是这样吗？

"（感谢与期望）最后，感谢您付出的宝贵时间！我们一定按照您提出的想法和需求把方案做好，期望咱们双方共同努力，一起解决您刚才提到的那些问题。我也衷心期望您管理的酒店业务蒸蒸日上，财源滚滚！"

## 11.3　索取承诺

拜访总结完成后，销售一般需要让客户作最后的确认。对于销售来说，此时正是向客户索要行动承诺的最佳时机，需要用到提问技巧仍然是前面用到的三种问题类型。

（1）开放型问题切入：让客户在熟悉的业务情境里自己思考下一步如何推进问题解决，主动给出行动承诺。例如："您看接下来应该怎样安排？""您觉得下一步如何推进比较合适？"等。

（2）引导型问题过渡：若客户未能及时给出行动承诺，销售可参照售前准备的拜访目标，通过引导型问题向客户索要承诺。例如："您刚才提到……我的考虑是……我觉得咱们是不是……您认为这样可以吗？"

（3）确认型问题总结：当客户认可自己的行动承诺后，销售对此进行总结确认。例如："根据刚才的交流，接下来我们将……您也将……您看是这样吗？"

我们再次以本书第 10 章销售拜访金利亚酒店钱总为例，对基于拜访总结获取客户承诺的过程进行说明。首先，我们假设售前准备的拜访目标如下：

（1）最佳行动承诺：希望钱总在收到我方提供的书面解决方案之后，三天内反馈采购决策意见。

（2）最低行动承诺：希望钱总在收到我方提供的书面解决方案之后，三天内组织内部评审，反馈评审意见。

销售在拜访结束前当面对钱总做拜访总结后，索要行动承诺的过程示例如下：

销售人员："钱总，您对我刚才的总结有其他补充意见或问题吗？"

钱总："很好，我觉得没什么问题。"

销售人员：（开放型问题切入）"那您觉得接下来如何推进比较合适？"

钱总："我还没想好，你有什么建议吗？"

销售人员：（引导型问题过渡）"您刚才说很想知道具体该怎么做，我的考虑是尽快回去出一个针对性的操作方案给您。我想三天左右这个方案应该能给到您手上。您收到方案后，如果能满足您的需求，也在三天内把采购决策意见反馈给我，您认为这样可以吗？"（索要最佳行动承诺）

钱总："三天内就要决定吗？这恐怕没那么快。我们内部还是需要做一些沟通的。"（客户拒绝给出最佳行动承诺）

销售人员："嗯，您说的情况我非常理解。具体要和哪些人或哪些部门沟通呢？"（当客户说出新情况、新想法时，要及时跟进了解相关信息，一是为了表明你和他站在同一立场，二是为了收集对推进销售进程有价值的信息）

钱总："主要是找客房部、行政部、财务部和工程部的负责人沟通，了解一下他们的想法，也好考虑得周全一些。"

销售人员："您的考虑非常周到，的确有必要听听他们的意见，这样可以使需求更加完善一些。要不这样，您收到方案后，如果需要内部评审，能否在三天内组织评审，一旦完成评审，立刻把评审意见反馈给我，您看这样行吗？"（索要最低行动承诺）

钱总："我看行。"

销售人员：（确认型问题总结）"好的！那我回去准备方案，三天之内会提交给您。麻烦您收到方案后，也在三天内组织内部评审，然后把评审意见反馈给我。可以吗？"

钱总："好的，没问题。"（成功获得客户的最低行动承诺）

## 11.4　索取承诺后不同形势的应对

销售人员给出拜访总结，向客户索取行动承诺后，可能面临两种不同的形势，需要差别化应对。

## 1. 成功获得行动承诺

销售拜访结束时，不管客户最终给出的是最佳还是最低行动承诺，甚至可能是经过相互磋商后提出来的、介于最佳与最低行动承诺之间的某种承诺，都可视为成功获得客户的行动承诺。针对这种情况，双方只需按承诺的行动计划去执行即可。但是，对于销售而言，如果在索取行动承诺过程中还探寻到其他有价值的信息，还需采取适当的行动来应对。

仍沿用上述例子进行说明：销售人员成功获得了客户的最低行动承诺——客户在收到方案后三天内组织内部评审并反馈，销售进程往前推进了一步，实现了预先制定的拜访目标，并朝着单一销售目标在逐步逼近。接下来，销售人员需立即抓紧推进两件事：一是尽快拜访客房部、行政部、财务部和工程部的负责人，了解他们的概念和具体需求；二是整合钱总及以上部门负责人的概念和需求，制定针对性的解决方案，并按时提交，索要评审反馈信息。

在推进上述工作前，我们对专业销售的建议是：拜访结束回到公司后，立刻把本次拜访总结和行动承诺整理为书面文字，通过电子邮件或微信等形式反馈给客户，使其成为推动后续工作的纲领性文件。这样一来既可与客户再次确认行动计划，又可让客户感受到销售的专业能力、增强信任。以下是反馈给客户的邮件示例，供读者参考。

尊敬的钱总：

您好！

非常感谢您今天付出的宝贵时间，让我和您做了一次非常愉快而富有成效的交流。下面是我对交流内容的总结，供您参考：

在本次会谈中，我们就贵酒店营业收入预算目标的完成情况进行了详细探讨。您谈到了由于上网条件所限，回头客大量减少，以及客人对装修、设施和服务等不满意引发了一些负面评论，导致新客源减少。以上两方面的原因加起来使得您所负责管理的酒店年营业收入损失了大约有300万元。同时，您还谈到，如果不能完成营收预算目标，受影响的不仅是您，还涉及公司分管财务的副总裁，以及广大的员工，甚至可能波及公司的总经理。

我们都认为，这不仅仅是您职责范围内的问题，也是整个公司的大问题。您希望通过改善上网条件，尽量留住回头客，还希望尽快提升酒店的设施和服务水平，从根本上减少网上的差评，扩大客源。

接下来您计划在所有房间让住客实现高速、安全无线上网，并期望通过低成本的方式实现智能化升级改造，提升服务水平和企业形象，以此来完成营业收入预算缺口，解决困扰您的问题。

为此，我们在整理好您的需求后，将给您专门设计一个针对性的方案，三天之内提交给您审阅。

鉴于您还需要征求相关部门的意见，您在收到方案后，将在三天之内组织内部评审，并把评审意见反馈给我们。

为使以上工作能够顺利推进，我们一定按照您提出的想法和需求把方案做好。期望我们双方共同努力，一起解决贵公司目前遇到的关键问题。

衷心祝愿您管理的酒店业务蒸蒸日上，祝您工作顺利、身体健康！

以上妥否，请予以指导！

## 2. 客户未给出行动承诺

销售拜访结束时，如果客户拒绝或不愿意给出行动承诺，建议销售人员按以下三个步骤进行操作：

第一步，探寻客户拒绝承诺的原因。

如果客户的概念与销售人员计划推荐的产品或方案存在一定的关联，而客户依然不愿意给出任何行动承诺，通常有以下几种可能：

▸▸ 客户可能认为这种承诺对他而言是一种损失，或缺乏个人"赢"（我们希望所有的客户购买都基于"双赢"的情形）。

▸▸ 客户可能认为这种承诺暂时还不是现阶段应该做的事，或不是他职责范围内的事。

▸▸ 客户内部可能出现了某种临时性的变化。

▸▸ 客户存在其他未知的顾虑。

无论是以上哪种情况，作为销售都要去探寻客户拒绝承诺的真正原因。比如上面这个例子中，假设钱总连最低行动承诺都不愿意给出，销售可以询问："您觉得三天之内组织内部评审有什么不合适的吗？"或者"您觉得三天之内组织内部评审存在什么障碍或是有其他方面的考虑吗？"以此来获知客户的真实想法。

第二步，调低行动承诺建议。

假如售前准备的拜访目标符合既定的标准，而客户又确实能给出不愿承诺的合理原因，销售人员可以考虑调低行动承诺，虽然一般情况下我们不建议轻易退让。

在上面这个例子中，如果客户说："我不知道你提交的方案到底能做到什么样的程度，所以我认为一拿到方案就立即组织评审似乎有些草率。"则销售可以调整行动承诺建议为：（引导型问题）"那能否这样操作：我们的方案设计出来之后，先由您进行审阅。如果您认为可行，就在三天之内组织内部评审；如果您觉得还不够清晰或完善，我们修改到您满意之后再组织评审。您看这样可以吗？"

显然，这是一个被调低的行动承诺建议，也是逻辑上非常合理的建议。

第三步，退出。

如果以上两个步骤都做完了，客户依然坚持不承诺，只能说明之前的销售拜访是无效的。虽然销售付出了时间与客户一起探讨问题，客户也同样付出了这些时间，但销售此刻及时退出、离开，未必不是一件好事，因为对方无意和你共同"分层升级"，后面继续纠缠只能是浪费时间，不如及时"止损"。

最后给出一个问题：你有没有考虑过，之所以出现这种结局，有没有可能是因为客户对将要购买的方案已经心有所属，和你交流只不过为了侧面求证他的思路和想法呢？说到底，你可能不是他的首选，只是一个"备胎"，如此而已。

关于销售中出现竞争局面的应对，我们将在后面的章节中进行探讨，在此不做赘述。

## 要点回顾

本章介绍了销售类信息的获取以及基于拜访总结获取客户行动承诺的操作方法。

销售类信息可以结构化归纳为"3W1H"四类问题，它们通常是在客户有购买意向时由销售人员提出。只要涉及销售类信息的获取，销售人员在拜访客户前都要把相关问题与"一图一表""一见一诺"同时准备好，以便在与客户会谈中择机询问。

专业销售在每次拜访客户即将结束时，通常要向客户当面进行拜访总结，其主要内容包括对拜访沟通过程的回顾、双方达成的共识、后续工作计划、对销售进程的推进以及其他需要特别提及的内容。本章通过实例对拜访总结的基本格式进行了说明。

在拜访总结完成后，销售可借助客户对总结内容进行确认的机会，向客户索要行动承诺，仍然使用开放型、引导型、确认型三类问题循序进行。本章通过实例对行动承诺的获取过程进行了说明。

销售人员给出拜访总结，向客户索取行动承诺后，可能面临两种不同形势，需要差别化应对：① 如果成功获得行动承诺，双方只需按承诺的行动计划去执行即可，但对于销售而言，若探寻到其他有价值的信息，还需采取适当的行动来应对；② 如果客户拒绝或不愿意给出行动承诺，建议的行动顺序是：先探寻原因，如果有机会则调低行动承诺建议，如果客户无理由拒绝，则退出、离开。

**练 习**

请针对你计划拜访的某个客户关键人，编写一个拜访总结格式，并基于该拜访总结设计获取客户行动承诺的三类问题。

（1）拜访总结格式

收结：＿＿＿＿＿＿＿＿＿＿＿＿＿＿＿＿＿＿＿＿＿＿＿＿＿＿

总结信息与过程：＿＿＿＿＿＿＿＿＿＿＿＿＿＿＿＿＿＿＿＿＿

＿＿＿＿＿＿＿＿＿＿＿＿＿＿＿＿＿＿＿＿＿＿＿＿＿＿＿＿＿＿

＿＿＿＿＿＿＿＿＿＿＿＿＿＿＿＿＿＿＿＿＿＿＿＿＿＿＿＿＿＿

回顾双方的共识：＿＿＿＿＿＿＿＿＿＿＿＿＿＿＿＿＿＿＿＿＿＿

＿＿＿＿＿＿＿＿＿＿＿＿＿＿＿＿＿＿＿＿＿＿＿＿＿＿＿＿＿＿

＿＿＿＿＿＿＿＿＿＿＿＿＿＿＿＿＿＿＿＿＿＿＿＿＿＿＿＿＿＿

后续工作计划：＿＿＿＿＿＿＿＿＿＿＿＿＿＿＿＿＿＿＿＿＿＿＿

＿＿＿＿＿＿＿＿＿＿＿＿＿＿＿＿＿＿＿＿＿＿＿＿＿＿＿＿＿＿

＿＿＿＿＿＿＿＿＿＿＿＿＿＿＿＿＿＿＿＿＿＿＿＿＿＿＿＿＿＿

感谢与期望：＿＿＿＿＿＿＿＿＿＿＿＿＿＿＿＿＿＿＿＿＿＿＿＿

＿＿＿＿＿＿＿＿＿＿＿＿＿＿＿＿＿＿＿＿＿＿＿＿＿＿＿＿＿＿

（2）获取行动承诺的三类问题

开放型问题切入：＿＿＿＿＿＿＿＿＿＿＿＿＿＿＿＿＿＿＿＿＿

引导型问题过渡：＿＿＿＿＿＿＿＿＿＿＿＿＿＿＿＿＿＿＿＿＿

＿＿＿＿＿＿＿＿＿＿＿＿＿＿＿＿＿＿＿＿＿＿＿＿＿＿＿＿＿＿

确认型问题总结：＿＿＿＿＿＿＿＿＿＿＿＿＿＿＿＿＿＿＿＿＿

＿＿＿＿＿＿＿＿＿＿＿＿＿＿＿＿＿＿＿＿＿＿＿＿＿＿＿＿＿＿

# 第四篇

———————
——

# 从信任到购买——方案呈现

在使用本书第三篇介绍的方法和技巧完成客户拜访之后，销售得以清晰、完整地掌握客户的购买动机、遇到的问题和障碍以及具体的购买需求。对于客户来说，这些就是其"购买冰山"隐藏在水面下的那一部分，也就是其完整的客户概念。

为有效推动客户做出购买决策，销售接下来要做的工作就是为客户提供解决其问题和障碍的方案，从而帮助客户实现价值、达成愿景，满足客户概念。为此，我们必须再次回归到客户概念内核表，并针对 RIC 向客户呈现相应方案。

在这个阶段，呈现方式应该与 RIC 逆向而行，遵循 C—I—R 顺序来呈现方案，即先呈现能力（Capability），满足为客户解决问题和障碍、消除痛苦的具体需求；再呈现价值，消除问题和障碍带来的影响（Influence）；最后呈现愿景，给客户看到痛苦的根源（Reason）被清除之后带来的美好未来。这便是本篇内容的编排逻辑。

在完成以上工作后，销售不但向客户展示了真诚帮助其解决问题的态度，更向客户完整呈现了解决问题的专业能力，从而可以获取客户足够的信任，让其坚定地推进购买进程。

# 第 12 章　呈现能力突出差异

当我们完成了对客户概念的诊断并与客户达成共识后，接下来要做的就是向客户呈现我们的解决方案，而呈现方案的第一步就是展现能力，因为我们已经知道：**客户购买的是解决问题的能力而不是产品或方案本身。**

在向客户呈现能力时，最关键的工作是突出差异优势。

## 12.1　客户基于差异做出决策

假设你去水果店买橙子，看到 A、B 两筐大小、色泽、模样完全相同的橙子摆在你面前。现在要求你不许品尝，必须把最好的那一筐挑选出来。你如何做？显然，当两种产品没有任何差异时，无论是谁都不容易做出决策。

事实上，所有决策都是基于差异的，没有差异就无从决策，只能随机挑选。这就如同我们日常生活中的抓阄，为了实现随机选择，必须事先屏蔽所有选项之间的差异。

但是，如果此时店主宣称 A 筐橙子 10 元 / 斤，B 筐橙子 8 元 / 斤，你会挑选哪个？只要脑子没进水，毫无疑问你会选 B。因此，当两种产品没有差异时，购买决策取决于价格。

另一种情况：如果店主在 A 筐里插一个标签："普通脐橙，10 元 / 斤"，在 B 筐里插另一个标签："自然种植、有机脐橙，15 元 / 斤"，并在 B 筐上方的电子屏幕上循环播放这种橙子的种植和流通过程，显示每一个橙子都可以通过二维码追溯到果场来源，确保为有机种植水果。你又会挑选哪个？如果你看重的是价格，可能会选 A；如果你看重的是绿色健康，可能会选 B。因此，当两种产品有明显差异时，购买决策取决于你所关注的主要差异点（即选购标准）。而你所关注的差异点，恰恰是你的概念中最关键的那个部分。

从以上案例可以看到：**购买是一个决策制定过程，客户基于差异化做出决策。客户购买之前必须看到差异，否则将取决于价格。**

在 B2B 销售中，客户总是因为相同而接受你，因为不同而选择你，因此我们强调"求同存异"的销售理念。其中，**"求同"指的是与客户站在同一立场，怀着帮助客户解决问题和障碍的真诚态度，以此赢得客户的认同；"存异"指的是为客户提供有差异的解决方案，向客户证明你具有解决其问题的独特能力和优势。**

我们在前面也讲到过："信任 = 真诚 + 有能力"。"求同"即为真诚，"存异"即为有能力，因此"求同存异 = 信任"。只有得到客户的信任，销售才能最终获得成功，与客户走向"双赢"。

## 12.2　真正的差异优势必须关联客户概念

我们司空见惯的产品或方案展示方法是把产品或方案的所有功能要点分门别类地罗列出来，同时说明这些功能给客户带来的作用有哪些，然后逐条给客户进行讲解。

例如，当你走进一家汽车 4S 店时，销售员惯常的做法是先问你对哪款车感兴趣，然后一边递给你关于那款车的配置表，一边向你介绍车子的主要配置和基本性能。他对自己销售的每一款车的各种配置都可能了如指掌，但唯独对你关注什么、看重什么毫不知情。这种情况下，你必须自己去比较各种品牌、各种车型的功能和性能，直到找出你想要的那款车，但内心却仍然感觉不踏实，因为你担心某些关键的指标可能不一定能符合你的需要。

高明的销售员则不是如此。他们会在你走进 4S 店的第一时间询问你关心哪些问题，例如：

⏩ 为什么考虑买车：是因为上班不方便，还是因为周末需要外出游玩？是因为原来的车子需要更换，还是第一次购买？

⏩ 车子主要用来做什么的：是仅作为上下班代步，还是经常要跑外地、甚至越野？是接送孩子比较多，还是单位业务用途比较多？

⏩ 有什么样的开车习惯：是喜欢飙车的感觉还是喜欢普通速度驾驶？是喜欢规规矩矩，还是会经常穿插于茫茫车流之中？是喜欢自动挡省事，还是喜欢手动挡随心所欲的驾乘体验？

⏵ 对油耗与环保有何观念：是喜欢省油，还是不在乎油耗？是热衷环保减排，还是对此不关心？

⏵ 对自动化配置要求如何：是否需要自动转向大灯、自动折叠后视镜？是否要经常使用自动巡航系统？是否喜欢集控式多功能方向盘？

⏵ 对舒适性有何要求：悬挂系统是喜欢软一些的日韩风格，还是欧美的硬朗风格？是喜欢全景式天窗，还是对此毫不在意？座椅是否需要加热功能、电动调节？

⏵ ……

在把你的概念诊断清楚之后，高明的销售员总是能精准地向你推荐符合你心意的那款车，还会顺便告诉你类似这样的一些信息："这个车型有高、中、低三款不同的配置，我个人建议您选低配的那个基本款就 OK 了，因为您最喜欢的全时四驱、全景天窗在这三款车上都是一样的。另外，对于您非常关心的行车安全问题，这款车同时也配备了自动刹车系统，这是我们公司的自主专利产品，您可以亲自试驾体验这个功能。中、高配置那两款车只不过多了集控式方向盘、自动折叠后视镜、自动转向大灯这些您认为不太紧要的功能，但是每多一个这样的配置，价钱就要多 1 万~3 万元。如果您不太在意这些功能，我觉得您完全没必要花这些钱。"

毋庸置疑，无论哪个品牌的哪家 4S 店销售的哪一款车，肯定都有一些他们自以为拥有的独特优势，但是无论哪个客户想买哪一款车，也都有他们所关心的要解决的问题和实现的价值。因此，**只有与客户的概念发生紧密关联，销售所声称的优势才能得到客户的认可，才是真正的差异优势。**

有些 B2B 销售人员经常和老板讲的一句话是："咱们的产品和 ×× 公司太同质化了，现在竞争对手纷纷大幅压价，我们能不能也把价格降下来？否则真的不好卖了。"但问题是，哪家公司能无休止地降价呢？而且，不断降价给客户的感知是："原来我们以前一直都买贵了，这家公司真坑人啊。"最终你会发现，价格降得越多，客户可能越不认可你的产品。

对此，有人认为：**没有同质化的产品，只有找不到差异的销售**。实质上，客户不是在找差异，而是在找差异给他带来的价值。差异只有在满足客户某些特定概念的时候，才真正具有力量。因此，从另一个角度看，差异优势说的不是产品，而是客户概念和需求。

众所周知，我国的家电行业厂家很多，长期以来形成了 TCL、创维、康佳、海信、长虹等品牌林立的局面。要说同质化竞争，该行业是数一数二的激烈，价格战也是年年升级。有一次我去逛商场，不知不觉逛到了家电销售区。那里被一些电视机品牌划分为 N 多个小区域，乍一置身其中，任谁都会产生眼花缭乱的感觉。我当时看到一位年过七旬的老太太在那里徘徊，估计是想买电视机，一时半会儿不知从哪开始挑起。这时有一位 ×× 品牌的导购先生走了过来，一边向她了解情况，一边把她领到他所负责的电视机展销区域。对话大意如下：

导购先生："阿姨，您好！是要看看电视机吗？"

老太太："嗯。"

导购先生："请问您平时家里几个人看电视啊？"

老太太："就我自己一个人看。"

导购先生："哦，您的家人不和您住在一起吗？"

老太太："唉，他们都在国外呢！"

导购先生："您是说您的孩子都在国外定居吗？您有几个儿女啊？"

老太太："我有一儿一女，他们大学毕业后都去了国外定居，现在也都成了家，有了他们自己的孩子了。"

导购先生："您的儿女真有出息！那您现在是儿孙满堂了哦。"

老太太："儿孙们都在国外，几年才回来一次，每次回来人也不齐，哪来什么儿孙满堂啊？"

导购先生："那您平时肯定经常想他们吧？"

老太太："那还用说吗！晚上在家除了看看电视，经常就把他们以前的照片拿出来翻翻。这几年他们都用手机照相了，给我也买了智能手机。他们经常给我的手机发一些照片，有时候还发视频，可是发到手机里的照片和视频我看不清楚啊。"

导购先生："阿姨，您可能不知道吧？我们的电视机可以和手机连接，您手机上的照片和视频可以放到电视机上来看呢。"

老太太："是吗？那太好了！要怎么操作才可以在电视上看到呢？"

导购先生："这个很简单的，我做给您看，一下子就能学会。"（接着就当面演示手机投屏的方法，老太太果然很快学会了）

接下来的事情就简单了，老太太在导购先生的指引下，爽快地选好了一台心仪的电视机买回家。

这就是差异优势与客户概念高度关联产生的力量！本案例的差异优势

就是电视机的手机投屏功能。对于老太太，无论是用数据线连接电视机还是 Wi-Fi 互联，只要手机上的图片和视频能在电视上看到就可以了。其实，现在哪个品牌的电视机没有手机投屏功能呢？可是，如果销售没有发现客户对这个功能的关注，向客户推销再多的所谓先进技术和独特优势又有什么用呢？

在现实的销售过程中，我多次见过这样的场景：销售人员滔滔不绝地给客户讲述其方案的 N 条"独特"优势，客户方领导问："能不能挑重点，讲快点？"销售人员说："别着急，还有几点非常重要，您听我慢慢讲完。"问题是，你认为重要的优势未必是客户所关心的，客户关心和重视的其实只有一件事——你能否帮他尽快解决问题，"亡羊补牢"模式的客户尤其如此。

找到并向客户清晰呈现与其概念高度关联的差异优势，可以让客户将关注点聚焦到"如何做"上面来，从而最大限度地削减因价格竞争带来的冲击。

B2B 销售人员要牢记一点：销售不应该是做一个"会说话的产品说明书"，也不应该是做一个广播宣传员，而应该是通过与客户的充分互动，尽量全面了解客户的概念，从中找到产品 / 方案与客户概念相关联的差异优势，并把它们合理、有效地呈现给客户。

## 12.3　如何找到具有差异优势的能力

差异优势有两种，分别如下。

### 1. "你有，但别人没有"的独一无二的能力

例如上述汽车销售案例中4S店销售员说的自主专利"自动刹车系统"；又如电信运营企业之中，T公司具有独一无二的最大规模宽带网络和卫星通信业务能力，M公司具有独一无二的最大规模移动用户群，U公司具有独一无二的民营化混改机制等，对于某些特定客户、特定应用场景，这些都可能成为其独特差异优势。

### 2. "你发现了，但别人没发现，且你和客户达成了共识"的（在客户眼里）先入为主的能力

例如，上述电视机销售案例中的手机投屏功能，对于那位老太太而言就属于这类差异优势。当然，类似的例子在我们的生活中不胜枚举，有些人买手机就是因为拍照功能好，有些人买空调就是看中了静音效果好，凡此种种，不一而足。

在实际的销售场景中，并非只有产品/方案本身的某些功能才构成差异优势，除此之外只要是客户所关心的领域都有可能成为差异优势，它们包括但不限于以下方面（罗伯特·米勒、史蒂芬·海曼、泰德·图勒加，2017）。

▶▶ 人：有些客户可能对签约后项目实施交付过程中的工程师、项目经理资质（如 CCIE、PMP 等认证证书）很关心，如果你的公司恰好在这方面有很强的积累，此即为差异优势之一。

▶▶ 机构：有些客户对供应商资质（如系统集成、安防等级、ISO 认

证等）或对多个地方同时施工、快速交付有较高要求，如果你的公司恰好在这些方面可满足，也可成为一个差异优势。

▶▶ 投资者结构：有些客户对供应商的投资主体（如国有企业、合资企业、外商投资企业、民营企业）和资本结构（如国有控股、私人控股、境外投资人控股等）很在意，如果你的公司恰好在这些方面可满足客户要求（如有些电信运营商宣称其云业务属于"国家队"，能提供特别的安全保障），也可成为一个差异优势。

▶▶ 客户：有些客户可能对你的公司拥有的客户规模很在意，认为客户规模大则意味着公司口碑好、售后服务更便宜等，这也可作为一个差异优势。

▶▶ 流程：有些客户对业务开通、服务流程等有特殊的时限要求，如果你的公司恰好能满足，也可作为一个差异优势。

▶▶ 知识与技术：有些客户对知识储备、专利、技术能力等很看重，认为这是未来获得强大服务支撑的保障，如果你的公司在这方面能达到或超过客户的要求，也可作为一个差异优势。

▶▶ 声誉：有些客户对供应商的声誉（如电信运营商的网络稳定性、故障维修响应及时性）很关注，认为这是持续提供服务的保障，因此这也可成为一个差异优势。

▶▶ 服务：大部分客户是比较关注服务的，尤其是 B2B 项目。

▶▶ 实施方案：为确保实施过程稳妥有序，尽量减少实施过程对客户内部运作造成的影响，实施方案可成为很多客户关注的差异优势。

▶▶ 应用方案：为确保应用过程平稳高效，达到预期的应用成果，应用方案也可成为客户关注的差异优势。

▶▶ 培训方案：为确保培训过程组织有序，达到预期的培训效果，培训方案也可成为客户关注的差异优势。

▶▶ 经验：很多客户看重项目实施经验、售后维修经验等，认为这是确保其业务运行稳定的关键因素，因此经验也可成为一种差异优势。

▶▶ 后勤保障：有些客户认为后勤保障是确保项目实施顺利进行的重要因素，如果你的公司在此方面很有实力，也可作为差异优势。

▶▶ 其他特殊资源：有些客户比较看重某些特有资源，如电信运营商的吉祥号码对客户品牌宣传很重要，也可作为差异优势。

总之，只要客户关注、需要、认可，你的公司又确实具备这样的能力，就有机会成为独特差异优势。问题是，你必须在竞争对手之前发现这些与客户概念关联的差异优势。

为了找到这样的差异优势，就必须对客户概念诊断过程作一些必要的补充说明。在"基于内核表诊断客户概念"一章中，我们运用概念诊断九宫格方法，通过开放型问题、引导型问题和确认型问题分别探寻了客户痛点产生的原因、影响以及期望获得的解决问题的能力，但是我们并没有展开探讨如何尽可能多地去发现与客户概念关联的差异优势。

事实上，客户真正关注的重要需求一定包含在他的概念之中，而且必定是他购买决策标准的一部分。要找到客户概念中的这些关键点，最有效的方法是在"了解感知问原因"和"征询期望问能力"这两个环节中，向客户提出更多的问题来获得。具体做法如下：

（1）在"了解感知问原因"环节：可补充开放型问题，如"除了刚才谈到的这些（造成痛苦的）原因，您觉得还有哪些重要原因呢？"以此方式探知所有可能的关键原因；还可补充封闭型问题，如"在刚才谈到的这些原因中，您认为哪个原因是最关键的？"以此方式找到客户最关心的原因；最后还可补充选择型问题，如"按照重要性排序，您认为排名前三的是哪些原因？"通过类似方式了解客户对痛苦原因的排序。

（2）在"征询期望问能力"环节：可补充开放型问题，如"除了刚才谈到的这些能力（或想法）中，您觉得还有哪些需求要补充的呢？"以此方式探知所有可能的需求；还可补充封闭型问题，如"在刚才谈到的这些需求中，哪一个是您认为最重要的？"以此方式找到客户最关心的能力或需求；最后还可补充选择型问题，如"按照重要性排序，您最希望解决的前三个问题是哪些？"通过类似方式了解客户对需求关注点的排序。

通过以上两个环节的补充提问，不难找到客户概念中最关键的部分，为后续有的放矢呈现差异优势提供输入。

## 12.4 具有差异优势的能力呈现

在向客户呈现具有差异优势的能力之前，销售需要对可能的差异优势进行梳理，可采用表 12.1 所示的"差异优势表"进行信息整理。具体操作步骤如下（罗伯特·米勒、史蒂芬·海曼、泰德·图勒加，2017）。

表 12.1　差异优势表

| 可能的差异优势领域 | 客户概念 | 具有差异优势的能力 | 概念性检验 | 证明方式 | 差异性检验 |
|---|---|---|---|---|---|
| 产品 | | | | | |
| 人 | | | | | |
| 机构 | | | | | |
| 投资者结构 | | | | | |
| 客户 | | | | | |
| 流程 | | | | | |
| 知识与技术 | | | | | |
| 声誉 | | | | | |
| 服务 | | | | | |
| 实施方案 | | | | | |
| 应用方案 | | | | | |
| 培训方案 | | | | | |
| 经验 | | | | | |
| 后勤保障 | | | | | |
| 特殊资源 | | | | | |

**第一步，信息准备。**列出以下关键信息：

▸▸ **客户与关键人**：即销售所拜访的客户及其关键人姓名。

▸▸ **单一销售目标**：销售本阶段对该客户的单一销售目标。

▸▸ **客户概念**：与单一销售目标相关联的客户关键人的概念，包括痛点与表现、痛点产生的原因、影响及客户期望的解决问题的能力等。

▶▶ 竞争对手提供的方案：销售在之前的客户拜访中通过询问了解到的竞争对手方案。信息未必非常全面、准确，但销售在每次拜访中需要尽量获取。竞争对手方案属于销售类信息。关于此类信息的获取，本章第 11 章已进行了说明，此处不再赘述。

第二步，列出可能的差异优势领域。建立差异优势表，并在第一列列出可能的差异优势领域，可以包括上面讨论过的产品及其他与公司相关的各领域。

第三步，整理客户概念。根据差异优势表第一列所列出的"可能的差异优势领域"，将客户概念的全部内容（包括痛点与表现、痛点产生的原因、影响及客户期望的解决问题的能力等）分拆后放在第二列，与"可能的差异优势领域"建立一一对应关系。

第四步，列出具有差异优势的能力。对应"可能的差异优势领域"和客户概念，将"具有差异优势的能力"放入第三列。

第五步，概念性检验。对上述列举出来的每一项"具有差异优势的能力"，销售需要换位思考，将自己摆在客户的位置问自己："该差异优势对客户意味着什么？"这相当于客户在问你："如此这般，那又如何？"例如，针对某银行计划建设的 100 个营业网点 Wi-Fi 组网覆盖项目，销售列出了"遍布全省所有地市的分支机构和实施队伍""对技术人员开展独立培训"等两项具有差异优势的能力。作为关键人，该银行信息部主任确实在为各个营业网点能否快速、同步实现 Wi-Fi 覆盖而苦恼，但同时他对于由第三方来培训技术人员并不热衷。那么，销售此时把自己放在他的位置上，问自己"如此这般，那又如何？"则会发现，第一个具有差异优势的能力（遍布全省所有地市的分支机构和实施队伍）正好满足他的概念，而第二个能力在他看来就不是什么优势了。因此，在对所有已列出的能力进行这种概念性检验后，销售应当将那些被检验为非客户关心（即与客户概念无关联）的能力删除，以免给客户造成干扰而对销售产生不必要的影响。

**第六步，提供证明方式。** 在所有"具有差异优势的能力"被列出之后，针对每一个差异优势，销售至少要准备一种以上能证明公司拥有该能力的方法或材料，包括邀请客户参观体验业务演示环境、实地考察（机房、生产车间、试验室等）、试用体验、成功案例、客户证言、客户推荐信、可供参观的样板客户、证明人列表等。例如，在第五步所举的银行案例中，针对"遍布全省所有地市的分支机构和实施队伍"这个能力，销售除了提供类似的成功案例、客户证言之外，全省所有地市分支机构的列表、网站也可作为证明材料之一。

在上述的证明方式中，有三种方式需要在此特别说明。

（1）样板客户：所有销售人员在进入销售岗位之后，都应有意识地培养和积累一些友好客户，并与他们达成共识和默契，一旦需要为其他客户提供参观、演示和体验环境时，这些友好客户就能成为销售的样板客户，随时提供相应服务。

（2）推荐信：与样板客户的积累相似，销售人员对那些使用产品后给予良好、积极评价的客户，应时刻关注、记录他们的使用体验和实现的成效，并在适当的时候整理出来，草拟成客户的推荐信，在征得客户同意后，让客户在其公司的专用信纸上打印、签名，然后扫描下来作为差异优势证明材料备用。作为专业销售，类似的推荐信要不断积累，多多益善，因为提供给客户参考的材料一般都是近 1~2 年的，很少有人会关心你 5 年以前的成功案例。

（3）证明人列表：除了推荐信，销售人员还应建立一份以现有客户为主的证明人列表，内容包括关键人姓名、职务、公司名称、地址、电话及邮箱，并用两三句话简单描述销售为其创造的价值。证明人列表由销售人员根据需要进行裁剪使用，并非对每个客户都和盘托出。一般来说，客户在阅读证明人列表时，首先关注的是其中有没有自己认识或熟悉的人，其次关注对方出现的问题是否和自己一样。有了证明人列表中关于价值的简单描述，客户便会积极地从中寻找相似之处，从而形成有效的心理关联，强化差异优势与客户概念的对应关系。

**第七步，差异性检验。**在完成上述工作后，针对已列出的每一个"具有差异优势的能力"，销售还要进行差异性检验，主要是通过与客户拜访中获取的竞争对手信息进行比对，判断这些能力与竞争对手是否相同。如果的确是竞争对手没有的能力，可在差异优势表的最后一列注明为"独一无二"；如果是竞争对手未发现／未关注、但销售已和客户达成了共识的能力，可在差异优势表中注明为"先入为主"。以上两种情况都可视为差异优势的表现，应向客户着重进行呈现。如果经过本项检验发现某个能力确与竞争对手完全相同，则建议在差异优势表中注明为"相同"。此种情况下，若非客户特别要求，建议不必向客户呈现，以免在客户心目中造成"别人能，我也能"的跟随形象。

在填写好差异优势表内容后，还有一项重要工作需要完成，那就是对该表中分拆后的客户概念进行重要性排序，同时对相应各行的内容进行调整。这是因为，客户概念中每一项内容的重要度是有差异的，它们决定了客户在做购买决策时对相应差异优势的评价权重。以自住性质的买房决策为例，有小孩的年轻父母往往将"是否为优质学区"作为最重要的购买标准，而临近退休的夫妇则可能把"附近是否有配套的大型医院、健身场所等"作为最重要的购买标准。

此外，如果销售需要向客户的多名关键人同时进行能力呈现，建议将关键人按重要程度进行排序，在差异优势表中对客户概念也按此方式进行概念排序，以备后续使用。

差异优势表是销售向客户呈现能力前的准备材料，并非直接向客户展示的内容。通常情况下，向客户呈现具有差异优势的能力是通过递交正式方案来实现的。在向客户递交的方案中，关于能力呈现的内容一般包括以下三部分。

（1）对需求的理解：实际上是对客户概念的理解，因"客户概念"一词是销售方的术语，不宜给客户呈现，故使用"对需求的理解"，让客户更易于理解。此部分内容包括对客户痛点及表现、原因与影响、需要解决的问题以及期望具备的能力的详细描述，一般以整理好的差异优势表中的顺序进行分类、排序，以便客户看到方案后以最快的方式找到自己需要的内容。

（2）我们提供的能力：按照上述概念展现的顺序，对所提供的具有差异优势的能力进行详细阐述，包括能力项说明、给客户带来的预计成效，分别对应差异优势表的第 3、4 列内容。如果其中有"独一无二"的差异优势，建议特别标明出来，并在后面提供相应证明。此处标题为"我方提供的能力"而非"我方提供的差异优势能力"，是因为客户关心的是我方能否为其提供解决问题的能力，至于是否具有差异优势，客户自然会去评判，无须"王婆卖瓜，自卖自夸"。另外，此部分内容提供的所有能力都应该在后面有相应证明材料，并在此进行索引性提示。

（3）证明方式：即以上各项能力对应的所有证明材料，对应差异优势表中第 5 列的详细内容。这些材料一般在方案的附件中进行罗列，不作为正文部分呈现，仅在正文标明索引或附录序号即可。

关于正式递交方案的详细内容，我们将在后面的章节系统介绍。

## 12.5　销售拜访中的概念性演示

以上我们介绍了具有差异优势的能力呈现方式。在现实的销售拜访场景中，当销售人员了解到客户概念之后，客户的第一反应往往是"对于刚才谈到的那些问题，你们公司有成熟的解决方案吗？"或"你们能帮我解决那些问题吗？"此时，销售若非已有成熟想法，不必急于抛出方案，但是有必要现场做出积极的回应，告诉客户："我们能！"以增强客户的信心，然后告诉客户回去准备一份针对性方案后再向其做详细汇报。我们将这个回应动作称为"概念性演示"。

概念性演示是销售人员根据前期客户概念诊断所获取的信息，为客户提供的关联产品 / 方案的非正式介绍，以满足客户对销售方信息的初步了解，为销售人员在客户心目中建立"有能力"帮助其解决问题的专业形象，从而提升客户的信任度。概念性演示不是销售的最终建议方案，也不提供报价信息，其演示过程一般采用"轮式解决方案图"的方式进行（兰迪·蔡斯，2011），如图12.1所示。

**图12.1　轮式解决方案图**

　　销售在拜访客户前，根据事先制定的单一销售目标，需要提前准备好一份计划向客户销售的轮式解决方案图。该图的中心位置标明销售所在公司的名称，从圆心辐射出来的每根轮辐都代表该公司可提供的一个产品组件。

　　下面以某电信运营商 A 公司的"智慧酒店"解决方案为例，对概念性演示过程进行示范说明，其轮式解决方案图可变换为如图12.2所示。在客户提出"你们能否帮我解决那些问题"时，销售可以出示该图，对客户说："您可以从这张图中看到，我们公司为您这样的客户开发了一整套智慧酒店解决方案。针对您刚才谈到的那几个问题，我可以先简单地向您介绍一下我们有哪些解决方案。"

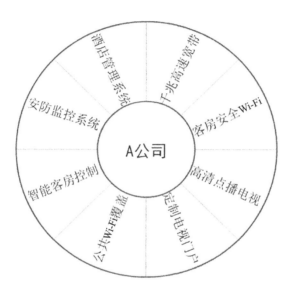

**图 12.2　"智慧酒店"轮式解决方案图**

随后，销售人员把该图转向客户，一边针对客户关心的主要问题进行简要介绍，一边在图中对应的产品组件上进行勾画说明。例如："针对多间客房共用 AP 上网导致网速慢和住客担心不安全的问题，我们公司提供千兆高速宽带和独立客房安全 Wi-Fi 覆盖能力，可以彻底解决这一难题……"此时用笔指向图中 0~3 点钟方向的两个产品就能说明一切。当然，销售必须对自己的方案非常熟悉，清楚与客户概念相关联的每个产品组件位于哪个轮辐上。

销售在向客户进行概念性演示时，可以一边介绍轮式解决方案图，一边观察对方的反应，以便验证对方真正的关注点是哪些。如果遇到客户特别感兴趣的产品组件，销售还应适当提供一些证明材料（如上面提到过的成功案例、客户推荐信、证明人列表等），让客户确信你具有足够的能力。

当销售针对客户概念把主要的产品组件介绍完毕后，建议也像之前诊断客户概念时一样，用一个确认型问题征求客户意见："您觉得我们可以把刚才演示的这些内容写到方案中去吗？"此时，如果客户认可你这样做，就验证了方案内容的正确性和有效性；如果客户有不同意见或想要做一些调整，自然会把他的意见当场反馈给你，使你有机会修正自己的判断和获得的信息，为后续正式提交方案指明方向。

需要特别指出的一点是，概念性演示只是在销售拜访现场向客户做出的简单回应，相当于描绘了一个解决方案"草图"，它不是最终的解决方案，而且仅代表初步满足与你面谈的某一个关键人（很可能不是最终决策者）的概念，这意味着该"草图"未来可能会面临多次修改和完善，还可能需要将多个关键人的概念性方案"草图"进行整合。因此，如果此时客户向你询价，千万不要急于报价——事实上，在方案未最终明确之前，销售本来也不具备足够的信息进行报价。假如此时报价，销售等于把价格信息提前透露给了可能无购买决策权的关键人，甚至还有可能被竞争对手掌握，无论是对于客户还是竞争对手，都将自己置身于被动的局面之中。因此，倘若客户在概念性演示结束时询问报价情况，销售最好礼貌而坚定地回答："决定报价的因素有很多，待我们梳理好您这边的所有需求之后，我们会在书面方案中对价格信息做详细说明的。"万一客户坚持要了解价格，销售可以引用成功故事或估算一个大约价格区间予以回应，重点还是将客户关注点引入到解决方案及其价值上来。通过这种方式，销售还能借机测试出客户究竟是关心自己的关键问题、希望借助销售方的专业能力为自己提供帮助，还是仅关心价格。

　　总之，概念性演示只是向客户简单、非正式地介绍解决方案的框架，还有很多不确定性因素需要在后续的交流过程中逐渐明确。

## 要点回顾

购买是一个决策制定过程，客户基于差异化做出决策。客户购买之前必须看到差异，否则将取决于价格。因此，销售在向客户呈现解决方案时，能力呈现是第一步，其中最关键的工作是突出差异优势。

B2B销售中强调"求同存异"。其中，"求同"指的是与客户站在同一立场，怀着帮助客户解决问题和障碍的真诚态度，以此赢得客户的认同；"存异"指的是为客户提供有差异的解决方案，向客户证明你具有解决其问题的独特能力和优势。

只有与客户的概念发生紧密关联，销售所声称的优势才能得到客户的认可，才是真正的差异优势。B2B销售人员要通过与客户的充分互动，尽量全面了解客户的概念，从中找到产品/方案与客户概念相关联的差异优势，并把它们合理、有效地呈现给客户。

差异优势有两种：一是"你有，但别人没有"的独一无二的能力；二是"你发现了，但别人没发现，且你和客户达成了共识"的（在客户眼里）先入为主的能力。

除了来自产品/方案本身之外，差异优势还可能来自人、机构、客户、流程、知识与技术、声誉、服务、实施方案、应用方案、培训方案、经验、后勤保障等各个方面。只要客户关注、需要、认可，你的公司又确实具备这样的能力，就有机会成为独特差异优势。

客户关注的差异优势一般都包含在他的概念之中，是其购买决策标准的一部分。要找到客户概念中的这些关键点，最有效的方法是在"了解感知问原因"和"征询期望问能力"这两个环节向客户提出更多的开放型问题来获得。

为了向客户呈现具有差异优势的能力，销售需要制作"差异优势表"，对可能的差异优势进行梳理，具体包括信息准备、列出可能的差异优势领域、整理客户概念、列出具有差异优势的能力、概念性检验、证明方式、差异性检验七个步骤。

差异优势表是销售向客户呈现能力前的准备材料，并非直接向客户展示的内容。向客户呈现具有差异优势的能力是通过递交正式方案来实现的，其中关于能力呈现的内容一般包括对需求的理解、我方提供的能力和证明方式三部分。

最后，在现实的销售拜访中，若客户在你进行概念诊断之后当场提出"你们能否帮我解决那些问题"，销售应积极为对方作概念性演示，可采用"轮式解决方案图"的方式来操作，其实质是向客户简单、非正式地介绍解决方案的框架，以展示销售方有足够的解决问题能力，提升客户信任。

**练 习**

请针对你某个客户关键人，制作一份差异优势表。

客户名称：＿＿＿＿＿＿＿＿＿　　关键人：＿＿＿＿＿＿＿＿＿

单一销售目标：＿＿＿＿＿＿＿＿＿＿＿＿＿＿＿＿＿＿＿＿＿＿＿

| 可能的差异<br>优势领域 | 客户概念 | 具有差异<br>优势的能力 | 概念性检验 | 证明方式 | 差异性检验 |
|---|---|---|---|---|---|
| 产品 | | | | | |
| 人 | | | | | |
| 机构 | | | | | |
| 投资者结构 | | | | | |
| 客户 | | | | | |
| 流程 | | | | | |
| 知识与技术 | | | | | |
| 声誉 | | | | | |
| 服务 | | | | | |
| 实施方案 | | | | | |
| 应用方案 | | | | | |
| 培训方案 | | | | | |
| 经验 | | | | | |
| 后勤保障 | | | | | |
| 其他特殊资源 | | | | | |

# 第 13 章　呈现价值打动购买

我们知道，期望与现实的差距是激发购买的源泉，当期望大于现实时，购买欲望 > 0，客户才会产生购买动机，其反馈模式才会是"如虎添翼"或"亡羊补牢"。但购买欲望大于 0 并不代表客户就一定会购买，最关键是要看销售的产品或方案是否具备足以打动他的价值。因此，销售在全面掌握客户概念后，除了要向其呈现解决问题的能力，还需要呈现这些能力为客户带来的价值。

本章重点阐述如何向客户呈现价值，以打动客户购买。

## 13.1　产品 / 方案价值二维图

毫无疑问，B2B 销售人员面向商业客户开展销售工作，其销售的产品 / 方案首先要满足的是客户公司（对公）的价值诉求，我们将其称为"企业价值"，也有人称其为"组织结果"；其次，在满足企业价值基础上，客户的不同关键人在购买产品 / 方案时还会有自己个人的价值诉求，我们将其称为"个人价值"，也有人称其为"个人赢"（罗伯特·米勒、史蒂芬·海曼、泰德·图勒加，2017）。

通常情况下，销售提供的产品 / 方案要满足客户的企业价值，为客户带来收益，客户才有可能考虑购买，这是销售成功的关键性因素。然而，销售面对的购买决策者或关键人终归还是"人"而非"企业"，因此，客户关键人的个人价值往往是推动客户做出购买决策的内在动力，销售人员对此不可忽视。

无论是企业价值还是个人价值，都可以再分为可量化的显性价值和不可量化的隐性价值两大类。如果把产品 / 方案的企业与个人价值、显性与隐性价值用四个象限来表示，可绘制成如图 13.1 所示的价值二维图。

图 13.1　产品 / 方案价值二维图

客户期望获得的企业价值领域包括以下几个方面。

（1）显性价值：如业务收入提高、成本降低、投资回报提升、利润率提升、库存周转率提升、效率提升、人员流失率下降等。

（2）隐性价值：如客户满意度提升、客户抱怨率下降、客户投诉率下降、员工满意度提升、品牌影响力提升、企业美誉度提升、盈利能力提升、组织灵活性增强、获得更好的服务等。

客户期望获得的个人价值领域包括：

（1）显性价值：如现金回扣、有价票证、物资礼品、旅游度假、高端培训、对私服务、其他有价馈赠等。这些价值目前基本属于商业贿赂的范围，销售人员应予以规避。

（2）隐性价值：如技能提升、控制他人、更加安逸、工作效率提升、获得精神激励、得到认可、提高地位、有更多休闲时间、保持或得到更多权力、增强自尊、提升安全感、增加职责和权威、增加信心、避免失败、避免失去信任、避免失去名声、避免失去工作、避免降级、避免离职、避免产生负面评价、避免情绪低落等。这些价值基本上深藏于关键人的内心，反映出他们"趋利避害"的本能。销售人员需在交流过程中通过观察、询问、侧面了解等多种方式进行探寻。

虽然打动客户购买的因素既包括企业价值，也包括个人价值，甚至有时最终打动客户关键人的可能是个人价值，但销售在向客户呈现方案时，只有企业价值才能作为正式交付文档进行展示，个人价值只能以口头方式向客户关键人当面表达，或者在客户承诺购买前出现顾虑时予以排除，这是因为：既然我们反对商业贿赂，在客户购买前，销售就不应该为客户提供个人显性价值，而个人隐性价值都是无形的、个人化的，只能在交流过程中与关键人逐一对话解决。关于这部分内容，我们还将在后面的章节深入探讨，本章只讨论企业价值呈现。

在现实的 B2B 销售过程中，销售人员所接触的客户关键人主要有三种类型，分别为最终决策者、应用选型者和技术选型者。

最终决策者是指那些做出采购决定后就不需要再请示其他任何人的人或组织，俗话说就是："他说行就行，不行也行；他说不行就不行，行也不行。"客户的每一次购买只有一个最终决策者，他拥有资金的使用权和审批权，关注投资回报和对企业发展的影响。

应用选型者是那些购买后会直接使用你的产品或通过相关人员使用你的产品而获益的人，通常有多人甚至一群人。由于应用选型者后续工作与销售的产品 / 方案直接相关，因此他们会关注产品 / 方案对自己未来工作内容、方式及绩效的影响。

技术选型者是指负责筛选方案的人，他们没有最终审批权，但拥有否决权，俗话说就是："他说你行，不一定真行；他说你不行，就一定不行。"技术选型者通常有几个人或许多个人，他们关注销售的产品 / 方案在其专业范围内是否满足某些特定要求、标准或规范。

由于角色的差别，最终决策者、应用选型者和技术选型者对企业价值的关注点各有不同，销售需在拜访交流之中区别对待，认真分析。以下是对这三类关键人所关注的企业价值的典型领域分析，供销售人员参考。由于每个人的性格特点、行为风格存在差异，销售人员在实际面对不同客户、不同关键人时，需结合实际灵活分析和应对。

## 1. 最终决策者关注的企业价值

▸▸ 更高的投资回报：对于供应商，他最关注的不是各自报价多少，而是投资之后，各家带来的回报有多少。因此，对于销售而言，方案报价高未必就会丢单，关键是能否为最终决策者带来更高的回报。

▸▸ 增加销售业绩：销售提供的产品或方案如果有利于增加销售业绩，就容易引起最终决策者的重视。

▸▸ 减少生产／保持成本：如果能在其他条件（产品质量、生产效率等）不变的情况下，减少生产或保持（如库存）成本，对于企业有非常重大的意义，也容易引起最终决策者的重视。

▸▸ 提高效率：在销售提供的产品或方案的帮助下，客户的生产效率会提高，也是最终决策者关注的企业价值。

▸▸ 提升盈利能力：如果销售提供的产品或方案有助于提升客户的盈利能力，也容易得到最终决策者支持。

▸▸ 改善现金流：如果销售提供的产品或方案有助于客户改善现金流，将现金流控制得更为平稳，也容易获得最终决策者支持。

▸▸ 增强灵活性：例如移动 OA 系统可以让客户随时随地进行审批，视频会议系统可以增加开会的灵活性。

## 2. 应用选型者关注的企业价值

▸▸ 满足性能要求：应用选型者购买产品或方案后，要经常使用，因此他们会关注细节，和销售一起讨论具体的产品参数、性能要求等。他们只有认为你的产品／方案能满足其性能要求，才愿意继续深谈。

▸ 最佳解决方案：企业价值来自客户的业务情境及其给客户带来的痛点根源，最关键就是来自应用选型者，因此他们是否认为你的方案是最好，这一点非常重要。应用选型者会站在业务需求角度，选择最符合他的概念的解决方案。

▸ 易于学习和使用：应用选型者希望销售提供的产品容易学习、操作、使用，因为这是他的职责所在。

▸ 更好更快更轻松完成工作：销售的职责是帮助应用选型者更好、更快、更轻松地完成工作，而非给他增加麻烦。

▸ 提高效率：应用选型者非常关注效率，因为大家都忙，都有做不完的事情。

▸ 提升技能：如果通过销售提供的产品或方案能够提升应用选型者的业务技能，他们会很有兴趣。

▸ 可靠性：应用选型者追求的是可靠，喜欢采用经过验证的成熟的产品或方案，希望供应商有同类企业的成功案例和业绩，因为购买之后用不好，责任都在他身上。

▸ 通用性：应用选型者经常会考虑产品或方案的通用性，担心买了你的产品之后被绑架，丧失了与其他供应商谈判的筹码。

▸ 出色的服务：应用选型者购买之后一直要使用，他要考虑后面几年甚至十几年的使用期，因此你们公司售后提供的实施、培训、服务等对他非常重要。

### 3. 技术选型者关注的企业价值

◆ 满足规范：技术选型者最关心销售提供的产品或方案是否满足国家、行业、地区、企业的相关规范、标准，这是他的职责所在。若不满足，他就会行使否定权。

◆ 符合惯例：技术选型者还会关心采购是否符合公司的惯例、行业内的习惯等。

◆ 最佳技术解决方案：技术选型者对最佳方案的关注与应用选型者不同，主要聚焦在技术角度，分析是否采用了最佳的技术解决方案。

◆ 及时交付：技术选型者还会关注供应商的及时交付能力，以及如果做不到应该如何处罚、避免他们的损失。

◆ 价格和折扣：报价的合理性、优惠和折扣等也是技术选型者的职责所在。

◆ 合同条款、条件及法律要求：技术选型者关注合同条款和条件（如验收条件、付款条件、双方权责利、违约处理条款等）及法律要求能否保障他所在企业的利益，对供应商形成足够的约束。

## 13.2　企业价值呈现方法

我们在本书第 10 章讨论客户概念诊断九宫格的应用时，重点阐述了概念诊断的三大步骤，分别是了解感知问原因、探寻感受问影响和征询期望问能力。当销售人员借助九宫格方法充分了解客户的真实概念后，首先要向客户呈现解决问题的能力，对应客户概念 RIC 表中的"C"，即 Capability；接下来就是向客户呈现产品 / 方案为其带来的（企业）价值，对应客户概念 RIC 表中的"I"，即 Influence，目的是消除客户痛苦带来的影响。

我们仍以本书第 10 章中金利亚酒店钱总的客户概念 RIC 表（详见表 10.1）为例进行说明。在该案例中，客户关键人钱总的痛点是"不能完成营业收入预算目标"，主要原因为包括上网条件差导致回头客减少，设施和服务落后导致新客源减少。造成的影响包括：

（1）无法完成营收预算目标，缺口大约有 300 万元；

（2）区域业绩下滑影响到总部对个人的考评和绩效；

（3）分管财务副总裁对企业发展产生忧虑；

（4）员工奖金下降，士气低落，流失率加大。

为了消除上述影响，销售所提供的"智慧酒店解决方案"能为客户提供以下企业价值。

## 1. 为客户解决"住客高速安全 Wi-Fi 上网"能力

能力内容：所有客房高带宽接入互联网，安装独立 AP 路由器，实现安全认证和统一管理。

显性价值：每年增加回头客 300 人以上，营业收入增加 120 万元（客户估算值），并将逐年增长。

隐性价值：由于上网条件改善，酒店品牌形象得到提升，客户服务满意度提升，抱怨、投诉率下降。

## 2. 为客户解决"低成本升级酒店设施和服务"能力

能力内容：低成本实现对门锁、空调、窗户、开关等设施的智能化升级，在酒店大堂、餐厅等公共区域覆盖 Wi-Fi 信号，对客房的电视门户定制个性化欢迎页、电视主页，适时发布广告、通知等。

显性价值：每年新增客人提升 2000 人以上，营业收入增加 180 万元（客户估算值），并将逐年增长。

隐性价值：由于酒店设施和服务水平提升，差评减少，酒店品牌形象、盈利能力得到提升，客户服务满意度提升，抱怨、投诉率下降。此外，随着酒店经营业绩提升，员工奖金将逐步提升，士气得以提振，员工满意度和归属感也会提升，这些也是隐性价值的表现。

当然，随着区域业绩的提升，总部对钱总个人的考评和绩效自然会得到提升，而分管财务副总裁对企业发展的忧虑也会下降。这些都属于关键人的个人价值和关切，无须在正式文件中呈现，只要与客户关键人口头沟通、达成共识即可，但这一步是必不可少的，销售人员务必牢记在心。

我们在前面讲到，企业显性价值包括业务收入提高、成本降低、投资回报提升、利润率提升、库存周转率提升、效率提升、人员流失率下降等，看起来指标很多，但实际反映到客户感知上无外乎是两点：**收入增加或成本减少**，二者相加就是产品 / 方案为客户带来的企业显性价值，其他如库存周转率提升、效率提升、人员流失率下降等指标都可以通过某种折算方法归结为收入增加或成本减少这两个方面。

在上述金利亚酒店的案例中，我们仅给出了收入增加的显性价值，如果考虑方案实施后人员流失率的下降，也可以测算成本减少带来的价值，测算方法举例如下：

假设金利亚酒店在该区域员工总数为 1000 人，年度员工流失率由原来的 25% 下降到 15%，新员工的招聘成本为 2000 元 / 人，培训成本为 3000 元 / 人，上岗实习期 3 个月合计机会成本损失为 3000 元 / 人，那么员工流失率下降带来的年度成本减少为：

$$（2000 + 3000 + 3000）× 1000 ×（25\% - 15\%）= 800000（元）$$

当然，以上都是假设数据，在实际测算过程中需要与客户沟通、确认。

综合上述数据和结论，我们可以在提供给客户的解决方案中以"价值评估表"形式向客户呈现企业价值，如表 13.1 所示。

**表 13.1　金利亚连锁酒店集团之"智慧酒店"价值评估表**

（1）显性价值。

① 提供"住客高速安全 Wi-Fi 上网"能力，每年增加营业收入 120 万元，并将逐年增长。

测算方法：每年增加回头客 300 人，人均入住 10 天，消费 5000 元，合计消费 150 万元，按 80% 折算，营业收入增加 120 万元。

② 提供"低成本升级酒店设施和服务"能力，每年增加营业收入 180 万元，并将逐年增长。

测算方法：每年新增客人增加 2000 人，人均入住 2 天，消费 1000 元，合计消费 200 万元，按 90% 折算，营业收入增加 180 万元。

③ 年度员工流失率下降 10%，年度运营成本减少 80 万元。

测算方法：年度员工流失率由 25% 下降到 15%，新员工的招聘成本为 2000 元 / 人，培训成本为 3000 元 / 人，上岗实习期 3 个月合计机会成本为 3000 元 / 人，年度运营成本减少 80 万元。

以上三项合计带来的企业价值为 380 万元。

（2）隐性价值。

随着上网条件改善、酒店设施和服务水平提升，回头客增多，拓展更多新客源，酒店经营业绩逐步提升，还将带来以下隐性价值：

√　差评减少，酒店品牌形象提升；

√　客户服务满意度提升；

√　抱怨、投诉率下降；

√　员工士气、满意度和归属感提升。

一般来说，销售为客户提供的解决方案越复杂，能给客户带来的企业价值项就会越多。以上仅为针对一家客户的企业价值呈现的简单案例，在现实的 B2B 销售过程中，销售人员应根据客户概念的实际情况灵活地进行价值呈现，尽量把企业价值全面、准确地传递给客户。

与能力呈现相似，如果销售人员需要向客户的多名关键人同时进行价值呈现，建议将所有关键人的概念按重要程度进行排序，在价值评估表中按照概念的重要度进行价值呈现。

价值评估表是销售向客户呈现企业价值的核心内容，应与差异优势能力等内容整合在一起，作为正式方案递交给客户。

## 要点回顾

销售在全面掌握客户概念后，除了要向其呈现解决问题的能力，还需要呈现这些能力为客户带来的价值。本章重点阐述了向客户呈现价值的方法。

产品／方案为客户带来的价值包括企业价值和个人价值，二者还可以再分为可量化的显性价值和不可量化的隐性价值两大类，它们可用产品／方案价值二维图来进行逻辑性展示。

销售在向客户呈现方案时，只有企业价值才能作为正式交付文档进行展示，个人价值只能以口头方式向客户关键人当面表达，或者在客户承诺购买前出现顾虑时予以排除。

向客户呈现产品／方案为其带来的企业价值，实质上是为了消除客户痛苦带来的影响，达到打动客户购买的目的。销售向客户呈现企业价值的方法是使用价值评估表，并与差异优势能力等内容整合为正式方案递交给客户。

## 练 习

请针对你计划为某个客户提供的解决方案，制作一份价值评估表。

价值评估表

（1）显性价值

① 提供＿＿＿＿＿＿＿＿能力，收入增加＿＿＿万元。

测算方法：＿＿＿＿＿＿＿＿＿＿＿＿＿＿＿＿＿＿＿＿＿＿＿＿＿＿＿＿

＿＿＿＿＿＿＿＿＿＿＿＿＿＿＿＿＿＿＿＿＿＿＿＿＿＿＿＿＿＿＿＿＿＿

② 提供＿＿＿＿＿＿＿＿能力，收入增加＿＿＿万元。

测算方法：＿＿＿＿＿＿＿＿＿＿＿＿＿＿＿＿＿＿＿＿＿＿＿＿＿＿＿＿

＿＿＿＿＿＿＿＿＿＿＿＿＿＿＿＿＿＿＿＿＿＿＿＿＿＿＿＿＿＿＿＿＿＿

③ 提供＿＿＿＿＿＿＿＿能力，收入增加＿＿＿万元。

测算方法：＿＿＿＿＿＿＿＿＿＿＿＿＿＿＿＿＿＿＿＿＿＿＿＿＿＿＿＿

＿＿＿＿＿＿＿＿＿＿＿＿＿＿＿＿＿＿＿＿＿＿＿＿＿＿＿＿＿＿＿＿＿＿

④ 提供＿＿＿＿＿＿＿＿能力，收入增加＿＿＿万元。

测算方法：＿＿＿＿＿＿＿＿＿＿＿＿＿＿＿＿＿＿＿＿＿＿＿＿＿＿＿＿

＿＿＿＿＿＿＿＿＿＿＿＿＿＿＿＿＿＿＿＿＿＿＿＿＿＿＿＿＿＿＿＿＿＿

以上合计带来的企业价值为＿＿＿万元。

（2）隐性价值

随着＿＿＿＿＿＿＿＿，本方案还将带来以下隐性价值：＿＿＿＿＿＿＿＿＿

＿＿＿＿＿＿＿＿＿＿＿＿＿＿＿＿＿＿＿＿＿＿＿＿＿＿＿＿＿＿＿＿＿＿

＿＿＿＿＿＿＿＿＿＿＿＿＿＿＿＿＿＿＿＿＿＿＿＿＿＿＿＿＿＿＿＿＿＿

# 第 14 章　呈现愿景助推决策

我们在本书第 12 章、第 13 章分别探讨了如何在解决方案中呈现能力和价值。

在向客户呈现能力时，最关键的是要突出差异优势，因为客户一般是通过管状视角来看待产品和方案的，他们只关心和自己的概念密切相关的能力。90% 的购买决定是基于 10% 的产品 / 方案特点，客户的购买欲望就是来自于这 10% 的特点所带来的关键利益。因此，**销售向客户呈现具有差异优势的能力，核心目的是引发客户的购买欲望。**

但是，真正打动客户购买的是销售针对其痛点和影响所带来的价值，因此，**向客户呈现价值是客户对销售提供的能力进行理性验证的基础。**

此外，**客户的购买行为是"理性验证、感性决策"的结果。**为了帮助客户做出购买决策，有必要在销售后期为客户描绘一个方案实施和应用之后的美好愿景，从客户内心触动其购买。这正是本章将要探讨的核心问题之一。

# 14.1　呈现愿景以形成最终解决方案

所谓愿景，指的是客户痛苦的根源和影响被消除、问题和障碍被解决，亦即客户概念被满足之后的一种状态。**向客户呈现愿景一般采用客户化语言、情境化方式来表达，让客户产生身临其境的感受和对美好未来的想象，以助推客户做出最终决策。**

下面仍以本书第 10 章中金利亚连锁酒店集团区域副总裁钱总的业务情境为例进行说明。在该案例中，钱总的主要痛点是不能完成营业收入预算目标，当前缺口 300 万元。造成该痛点的原因是：① 由于上网条件所限，多间客房共用 Wi-Fi 导致网速慢、使用安全感差，使得回头客大量减少；② 客人对酒店目前的装修、设施和服务等不满意，导致网上出现了一些负面评论，影响新客源入住。

对此，销售提供的方案完全能满足钱总的概念，愿景呈现如下：

（1）"智慧酒店解决方案"可以让住客随时实现高速、安全上网，每间客房都具备独立的 Wi-Fi 接入条件，并提供安全审计功能，住客无论是商务出差还是个人旅行，都可以安心上网。如此一来，回头客将大量回升，入住率将逐步提高。

（2）"智慧酒店解决方案"实施后，酒店的装修、设施和服务将得到极大改善，住客满意率大幅提升，随着口碑效应的显现，将拉动大批新客源入住，酒店的品牌形象等也将随之深入人心，为未来进一步扩大业务和收入奠定坚实基础。

当然，以上愿景只是书面表达方式，销售在向关键人汇报方案时，针对关键人对个人价值的诉求，还可以口头补充描述，例如："钱总，这样一来，您管理的酒店将在住客的心目中焕然一新。只要回头客和新客源都提升上来了，完成收入任务自然不在话下，而且随着良好的口碑传播开去，将来一定会有更好的业绩表现，总部对您的考核和评价也一定不会差，薪资待遇肯定也会水涨船高的，或许您在不久的将来还会被提拔重用呢！您看这样对您是不是会有些帮助？"

在口头向客户呈现愿景时，销售要尽量按照"三化"方式来表达，分别是：

- 场景化：目的是让客户产生身临其境的感觉，仿佛画面就出现在眼前，这是冲击客户右脑、让其产生联想的有效方法。
- 具体化：对客户的场景、感觉和效果的描述要具体到每一个人、每一个动作，对影响和效果的描述越具体，对客户的冲击就越大。
- 感性化：突出感觉、感受，让客户能够用心体会到问题解决之后的那种"爽"劲，这正是"感性决策"的根本原因。

再举一例，某销售人员在向客户的销售总监口头呈现"销售助手"产品的愿景时，表述如下："张经理，不管您在何时何地，只要您拿出手机，输入自己的账号、密码，手机就会自动登录系统，您可以选择任意一个时间段、任何区域的考勤数据，然后点击查询按钮，1~2 秒之后，该区域所有销售人员的考勤数据就全部出现在手机屏幕上了。这样一来，销售人员每天的行程都在您的管控之中，再也不会有人虚报差旅费用了，公司的营销成本也将大大降低。您看，这样一来对您是否有帮助呢？"

可见，**情境、人物、动作、影响和效果是向客户口头表达愿景的五个关键因素，目的是通过感性方式刺激客户做出购买决策。**

至此，我们通过三章的内容把能力、价值和愿景的呈现方式进行了详细说明，形成了一个完整的解决方案框架，具体包括如下内容：

（1）我们对需求的理解（因为是向客户呈现，在此不用"客户概念"一词，以免造成客户的不理解）。

（2）我们提供的能力（不说"差异"，让客户自己去与内心标准对比）

（3）价值评估（即本章第 13 章的核心内容）。

（4）预期目标（不说"愿景"，便于客户理解）。

（5）方案内容和报价表（把解决方案的所有产品组件及其报价清单在此罗列出来）。

（6）结束语（表达与客户合作经营的愿望及对未来前景的展望）。

（7）附件（列明所有的差异优势证明材料、售后服务内容、交付标准、服务承诺等）。

为了让读者直观感受完整解决方案形式，下面我们再以金利亚酒店客户为例，把向集团区域副总裁钱总提交的方案内容简要展示如下：

### 金利亚连锁酒店集团之"智慧酒店"解决方案

（1）我们对需求的理解。

金利亚连锁酒店集团是一家拥有 100 家实体酒店的集团企业，基于以下原因，××区域目前存在无法完成营业收入预算目标的风险：

① 由于上网条件所限，多间客房共用 Wi-Fi 导致网速慢、使用安全感差，使得回头客大量减少；

② 客人对酒店目前的装修、设施和服务等不满意，导致网上出现了一些负面评论，影响新客源入住。

以上两方面原因导致公司年营业收入减少约 300 万元，造成如下影响：

① 区域营收业绩不好，所有员工绩效奖金面临下浮，士气变差，离职率提高，员工队伍稳定性下降；

② 区域业绩下滑对全公司业绩造成负面影响，公司总部财务部门及公司管理层承压，对未来发展产生担忧；

③ 客户满意度下降，企业形象受损，加上受竞争对手挤压，不利于酒店长远发展。

为此，贵公司希望尽快找到解决以下问题的方案：

① 改善上网条件，在所有房间让住客实现高速、安全无线上网，尽量留住回头客；

② 通过低成本实现智能化升级、公共 Wi-Fi 覆盖和定制化的客房电视门户，提升酒店的设施和服务水平，从根本上减少网上的差评，扩大客源。

（2）我们提供的能力。

为解决以上问题，我们对贵公司的需求进行了详细分析和论证，提供以下能力方案：

① 千兆高速宽带接入 + 客房安全 Wi-Fi：每间客房都有高带宽的网络

接入，安装独立的 AP 路由器，并实现安全认证和统一管理。

目标：让每一个住客实现高速无线上网，安心使用安全 Wi-Fi 处理商务工作或生活事务，以此挽留和增加回头客。

② 智能客房控制＋安防监控系统＋公共 Wi-Fi 覆盖＋定制电视门户：低成本实现对门锁、空调、窗户、开关等设施的智能化升级，在酒店大堂、餐厅等公共区域覆盖 Wi-Fi 信号，对客房的电视门户定制个性化欢迎页、电视主页，适时发布广告、通知等。

目标：建立酒店在住客心目中的高端形象，提升服务水平，减少差评，扩大新客源。

（3）价值评估。

① 提供"千兆高速宽带接入＋客房安全 Wi-Fi（住客高速安全 Wi-Fi 上网）"能力，每年增加营业收入 120 万元，并将逐年增长。

测算方法：每年增加回头客 300 人，人均入住 10 天，消费 5000 元，合计消费 150 万元，按 80% 折算，营业收入增加 120 万元。

② 提供"智能客房控制＋安防监控系统＋公共 Wi-Fi 覆盖＋定制电视门户（低成本升级酒店设施和服务）"能力，每年增加营业收入 180 万元，并将逐年增长。

测算方法：每年新增客人 2000 人，人均入住 2 天，消费 1000 元，合计消费 200 万元，按 90% 折算，营业收入增加 180 万元。

③ 年度员工流失率下降 10%，年度运营成本减少 80 万元。

测算方法：年度员工流失率由 25% 下降到 15%，新员工的招聘成本为 2000 元/人，培训成本为 3000 元/人，上岗实习期 3 个月合计机会成本为 3000 元 / 人，年度运营成本减少 80 万元。

以上三项合计带来的企业价值为 380 万元。

此外，随着上网条件改善、酒店设施和服务水平提升，回头客和新客源增多，酒店经营业绩逐步提升，还将带来以下隐性价值：

- 差评减少，酒店品牌形象提升；

- 客户服务满意度提升；

- 抱怨、投诉率下降；

- 员工士气、满意度和归属感提升。

（4）预期目标。

①"智慧酒店解决方案"可以让住客随时实现高速、安全上网，每间客房都具备独立的 Wi-Fi 接入条件，并提供安全审计功能，住客无论是商务出差还是个人旅行，都可以安心上网。如此一来，回头客将大量回升，入住率将逐步提高。

②"智慧酒店解决方案"实施后，酒店的装修、设施和服务将得到极大改善，住客满意率大幅提升，随着口碑效应的显现，将拉动大批新客源入住，酒店的品牌形象等也将随之深入人心，为未来进一步扩大业务和收入奠定坚实基础。

（5）方案内容和报价表（略）。

（6）结束语（略）。

（7）附件（略）。


特别说明：由于以上仅是一个整体解决方案的示例，本书只简单给出了几项关键内容的样板，真实的客户案例可能远比这些要复杂得多。读者需根据实际情况进行内容整合。此处不作详细展开。

## 14.2　"双赢"销售的本质是合作经营

销售人员基于单一销售目标对客户开展销售拜访，主要的销售历程为概念诊断和方案呈现两大阶段。其中，概念诊断阶段主要是遵循客户的购买逻辑，向客户逐一询问其痛点产生的原因、影响及期望的能力，即"问原因、问影响、问能力"，对应着询问客户 Why（为什么）、How（怎么样）、What（要什么）三个问题；而方案呈现阶段则是基于上一阶段诊断出来的客户概念，向客户逐一展示解决问题的能力、价值和问题解决后实现的愿景，即"说能力、说价值、说愿景"，对应着回答客户 What（有什么）、How（能怎样）、Why（将如何）三个问题。

将销售拜访的"三问"与"三说"结合起来，与客户购买"认知性思维—发散性思维—聚敛性思维"的逻辑过程融合，形成如图 14.1 所示的合作经营"双赢"销售闭环模式。

业界普遍认为，**成功的 B2B 销售必须达到销售与客户之间的"双赢"，其本质就是合作经营。**

合作经营最明显的优势就是基于客户的购买逻辑开展销售，它使得销售拜访变得更加容易，主要原因在于：

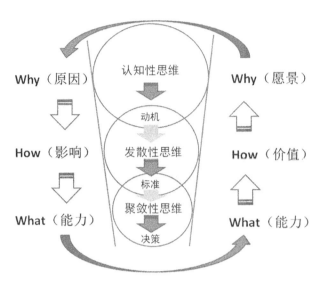

**图14.1　合作经营"双赢"销售闭环模式**

▷ 遵循客户的购买逻辑真诚地帮助客户购买，而非以销售为中心向客户推销产品。

▷ 秉持客户视角，以客户的业务情境切入，以客户化语言沟通，使得交流过程自然、顺畅，而且轻松。

▷ 促使客户主动参与解决方案的制定，从而培养客户的"所有权"意识，自觉捍卫和维护方案的权威性。

▷ 销售与客户共同经历痛点及其原因、影响分析，共同探讨所需的能力，彼此逐渐建立起信任，为后续的承诺奠定了坚实基础。

合作经营与传统推销之间的区别在于，前者是与客户一起共同挖掘需求和解决方案，后者则是违逆客户的购买逻辑而强行推销产品。但是，与客户开展合作经营并非让销售不要去讲述产品，而是为了把产品和客户的概念建立紧密关联，从而在客户的心目中建立起自己的差异优势，避免引发同质化带来的价格竞争，让客户基于信任而由衷地选择购买你的产品。

记得十几年以前，我在一家研究机构负责内部信息化工作，正在组织建设一套知识管理系统。当时备选的软件和系统集成供应商有三家，都是国际上的大型 IT 企业，其中 M 公司令我印象最为深刻。该公司的客户总监小李在与我接触初期并不了解我们的计划，属于三家之中的后来者。他在与我交流的过程中几乎自始至终谈的都是我的工作。当他得知我们将计划建设知识管理系统的时候，也是一如既往地向我"请教"目前知识管理的状况、遇到哪些主要问题、存在什么障碍、有什么具体想法和希望等。经过多次这样的交谈，当他最后把方案呈现在我面前的时候，我不禁问他："这些东西不都是我跟你说的吗？"他的回答是："对啊，领导！我就是按照您的意思来写这份方案的。这里面除了涉及产品的信息，所有需求都忠实记录了您的思想。您看还有什么要修改和补充的吗？"此刻，我还能说什么呢？那份方案就是我脑海里想象的样子，我觉得自己就应当拥有这份方案的"所有权"。于是，在我带着方案向管理层汇报后，很快就得到了批准。事实证明，后续的方案部署、实施和推广都进展得非常顺利，我们和 M 公司真正达成了一次"双赢"的合作经营。

为了达到合作经营的目的，销售人员每次拜访客户时，都有两个基本任务要完成：一是通过诊断了解、掌握客户的概念；二是在适当的时候把产品／方案与客户的概念建立关联。为了有效完成这两个任务，销售总是使用"问"和"说"两个基本谈话模式与客户展开交流，要么获取信息，要么提供信息，在"问原因、问影响、问能力"和"说能力、说价值、说愿景"几个动作之间按照逻辑进行切换。

虽然最理想的销售过程是通过一次拜访获知完整的客户概念，再通过一次拜访向客户呈现完整的解决方案，但现实的销售过程中往往并不能达到如此完美的效果。实际的情况可能是，销售要通过多次拜访才能获知客户的完整概念，也可能要通过多次拜访才能向客户讲清楚完整的解决方案，而且在此期间还可能出现相互交叉的情况，销售要根据每次拜访的实际进展做出调整。因此，在合作经营"双赢"销售闭环模式中，单次销售拜访有可能从六个步骤中的任意一步切入交流，也有可能在其中的任意一步终止、退出，这完全取决于你处于销售拜访的哪个阶段，也取决于你需要获得什么样的信息。

最后，销售始终要牢记，合作经营的理念是以客户为中心，当我们对客户概念的准确性、完整性缺乏把握时，哪怕是到了方案呈现阶段，也一定要记得随时向客户询问"我这样理解对吗"或"您有其他更好的想法吗"等类似问题，从而将销售拜访拉回到重新获取客户概念信息上来。总之，只有将客户概念彻底弄清楚、搞明白，销售提供的方案才有机会切中客户关注的要害，最终走向成功。

**要点回顾**

由于客户的购买行为是"理性验证、感性决策"的结果，在本书第13章阐述价值呈现、为客户提供理性验证依据的基础上，本章重点探讨了助推客户购买决策的愿景呈现方法：采用客户化语言、情境化方式来表达，让客户产生身临其境的感受和对美好未来的想象。

当愿景呈现完成后，针对客户概念的完整解决方案得以成型，它包括我们对需求的理解、我们提供的能力、价值评估、预期目标、方案内容和报价表、结束语和附件等几大部分内容。本章以一个精简案例向读者展示了一个解决方案范本。

最后，基于对销售拜访核心历程的总结，我们将销售拜访的"三问"与"三说"结合起来，与客户购买"认知性思维—发散性思维—聚敛性思维"的逻辑过程融合，总结出合作经营"双赢"销售闭环模式，并对其实质内涵进行了详细阐述。

## 练 习

请针对你正在开展销售的某个客户，制作一份完整的解决方案。

_____客户_____解决方案

（1）我们对需求的理解。

（2）我们提供的能力。

（3）价值评估。

（4）预期目标。

（5）方案内容和报价表。

（6）结束语。

（7）附件。

# 第五篇

从顾虑到确信——成交签约

在经历了售前准备、概念诊断和方案呈现阶段后，如果客户认可销售的解决方案，接下来的工作就是成交签约。

客户签合约前，由于某些关键的个人价值未确定能否满足或由于关注点的变化导致某些新的考虑因素被激活，可能产生顾虑和异议。本篇首先阐述了客户顾虑的表现和来源、顾虑处理和化解的方法，以帮助客户尽快做出采购决策。

另外，在 B2B 销售中，竞争是在所难免的，这就涉及销售过程中竞争应对策略问题。本篇针对销售方分别处于领先、平手和落后这三种不同竞争局势下的应对策略进行了探讨，以帮助销售人员有效率、有效益地开展销售工作。

# 第 15 章　客户顾虑化解

　　一般情况下，在经历了售前准备、概念诊断和方案呈现阶段后，如果客户认可销售的解决方案，接下来的工作就是成交签约了。这是销售工作进展顺利的典型特征：销售人员遵循以客户为中心的理念，从挖掘痛点到诊断原因和影响，从探寻想法到呈现能力、价值和愿景，通过多次拜访推动客户与自己同步"分层升级"，借助客户一个个行动承诺"小目标"，逐步累积成一个"大目标"，最后达成单一销售目标——成交签约。

　　但是，有时候销售的过程并不是那么一帆风顺的。当销售以为一切都在按计划推进时，往往在"临门一脚"的成交签约环节被卡住了。客户说方案不错，产品也挺好，但就是不做最后的购买承诺，怎么办？其中最大的可能就是客户对最终成交还有顾虑。

　　本章重点探讨成交签约阶段客户顾虑的处理和化解，以帮助销售最终达成签约目标。

## 15.1　顾虑的表现和来源

想象一下，假如在某一个夜晚，有一位你刚认识不久的朋友把你带到一栋陌生的楼房里，当你们走到一个黑漆漆的房间门口时，他站在你身后说："请你进去！"此刻，你会毫不犹豫走进去吗？未必。大部分人面对这种情况的表现或多或少会有一些迟疑、担心，甚至恐惧。

是的，当人们因为将要采取某种行动可能会带来一些不可预知的变化时，疑惑、焦虑、担忧和恐惧是一种本能的反应，这就是顾虑的来源。B2B 销售中，客户签约之前的顾虑与此类似。

客户出现的顾虑根据不同情形有多种不同表现，例如：

- ▸▸ 困惑的表情；
- ▸▸ 犹豫的语气；
- ▸▸ 疑问的态度；
- ▸▸ 重复提出异议；
- ▸▸ 争论；
- ▸▸ 消极抵触等。

总之，当客户出现顾虑时，对销售最直接的行为反馈就是不作承诺。这种情形在成交签约阶段对销售而言可以说是致命的伤害，因为只要客户不承诺购买，前面所有的工作就意味着"泡汤"了。

然而，对于客户而言，任何一次购买行动都意味着将要发生某种改变，顾虑几乎是销售进展到一定阶段的必然产物，它主要来自以下两个方面。

## 1. 客户关键人的个人价值未确定能否被满足

我们在本书第 13 章中阐述了向客户呈现方案时如何呈现企业价值，以此来打动客户购买，同时还谈到关键人的个人价值往往是购买决策的内在动力，对此不可忽视。但是，只有企业价值才能作为正式交付文档进行展示，个人价值中的显性价值多以商业贿赂形式出现，应予以规避，那么个人隐性价值就是销售应该高度重视的要素。事实上，正是由于客户关键人的某些个人（隐性）价值无法确定能否被满足，经常导致客户顾虑的发生。

客户关键人的个人（隐性）价值是无形的、不可量化的，无论是基于心理因素还是商业惯例考虑，都无法作为正式文件提交给客户，只能在销售拜访过程中与关键人口头交流，在客户承诺购买前妥善处理。关键人的个人（隐性）价值包括但不限于以下方面：

▷▷ 提升个人技能和水平；

▷▷ 提升工作效率；

▷▷ 提升安全感；

▷▷ 提高地位；

▷▷ 增强自尊；

▷▷ 增加职责和权威；

▸▸ 增加信心；

▸▸ 更好地控制他人；

▸▸ 更加安逸；

▸▸ 获得精神激励；

▸▸ 获得上级或下属的认可；

▸▸ 获得更多休闲时间；

▸▸ 保持或得到更多权力；

▸▸ 避免失败；

▸▸ 避免失去信任；

▸▸ 避免失去选择的自由；

▸▸ 避免失去名声；

▸▸ 避免失去工作；

▸▸ 避免降级；

▸▸ 避免离职；

▸▸ 避免产生负面评价；

▸▸ 避免情绪低落等。

## 2. 客户关注点的变化导致新的考虑因素被激活

当客户进入采购流程后，他们的关注点会随着采购流程的推进不断发生变化，如图 15.1 所示。

从图 15.1 中可以看到，在购买初期的需求开发阶段，客户通常会关心需求和成本，同时关注销售方是否真诚地为其提供服务；当需求和预算逐步明确，进入方案评估阶段时，客户会重点关注产品和方案是否能满足其需求和预算；当方案评估结束，进入成交签约阶段时，客户往往会更加关注价格和风险，以及销售方的公司履行合约、持续服务的能力。

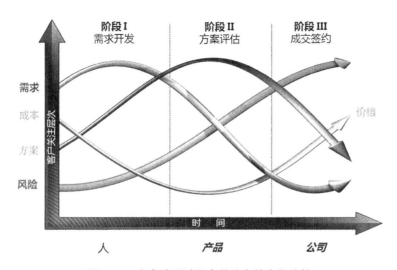

图 15.1　客户购买过程中关注点的变化趋势

这正如我在本书第 2 章中所举的买房的例子。当我挑选好想要买的那套房子后，在签约之前，我还会担心将来可能有什么风险，并且希望拿到一些额外的折扣，尽量减少付出的成本，这些就是我当时的主要顾虑。

在 B2B 销售的后期，客户关注点的变化导致成本、风险等因素被激活，尤其是购买后的实施风险，成为客户产生顾虑的重要原因。这种风险包括但不限于以下方面：

▸▸ 能否按期完成实施和交付；

▸▸ 是否有足够的实施经验；

▸▸ 是否有具备资质的项目经理；

▸▸ 方案的适应性如何；

▸▸ 实施过程的协同配合是否存在障碍；

▸▸ 实施条件是否具备；

▸▸ 实施团队技能是否足够；

▸▸ 能否确保应用人员快速掌握应用方法；

▸▸ 售后的服务响应是否及时；

▸▸ 是否存在安全隐患；

▸▸ 是否有应急处理预案等。

## 15.2 顾虑的处理和化解

前面我们讲到，顾虑是因为客户对购买后可能发生不可预知的变化而产生的本能反应，因此在 B2B 销售中，客户的顾虑具有正常性、普遍性，销售人员大可不必紧张和焦虑。

销售人员必须随时关注客户顾虑的征兆，只有善于发掘客户的顾虑，积极进行处理和化解，才能有效推动销售的进程。但是，当销售面对客户顾虑时，既不能忽略、回避和辩解，更不能争论和蔑视，因为你的推力越大，客户的反抗力量就越强。就像本章开始时我们设想的那个场景，当你站在那个黑漆漆的房间门口时，如果后面有人要把你往里面推，你必然要往外面顶。

当客户存在顾虑时，对销售的直接反馈就是不作承诺，而且当销售试图通过引导型问题把客户导向承诺时，客户会提出异议，甚至是多次提出异议。因此，**客户提出异议的根本原因是存在顾虑**。异议是客户的疑问和负面情绪的叠加，你不能仅通过解释来消除它，那样会有新的疑问出来，因为客户还没有消气，弄不好还会导致客户由异议转变为反对。面对客户的异议（即有顾虑的表现），正确的做法是找到真正的顾虑所在，并化解它。

在化解客户的顾虑时，比较有效的方法是"太极推手"，其基本操作流程分为如下五步。

（1）开放型问题切入：询问客户的顾虑是什么；

（2）同理心表达共鸣：以客户视角分享感受以消除其负面情绪；

（3）开放型问题探索：寻找顾虑产生的原因；

（4）情境化表述方案：针对原因解决问题；

（5）确认型问题收结：获得客户认同。

上述流程可归纳为**"三问二说"顾虑化解术**。销售在与客户的"Q—A—Q—A—Q"互动问答之中，犹如"太极推手"一般，通过**"找顾虑、求共鸣、问原因、说方案、达共识"**五个动作将客户的顾虑化解于无形（罗伯特·米勒、史蒂芬·海曼、泰德·图勒加，2017；夏凯，2016）。下面对各步骤进行详细阐述。

第一步，开放型问题切入。

要化解顾虑，首先要了解客户的顾虑是什么。询问客户顾虑最好使用开放型问题。当然，开放型问题也可分为很多种类，基于客户的认知和感受进行细分，前面已介绍过"现状类"问题和"期望类"问题，这里我们推荐使用"顾虑类"问题，在客户不愿意给出进一步承诺或提出异议时使用，举例如下：

- "您对刚才的建议有什么担心吗？"
- "对于……还有什么您觉得不确定的东西吗？"
- "对于……您觉得有什么考虑不周全的地方吗？"
- "如果接下来……您觉得还有哪些事情需要考虑？"
- "对于下一步……您还有什么考虑吗？"
- "您说下一步……觉得不合适，主要是基于什么考虑呢？"
- "您觉得还需要从那些方面加强呢？"

第二步，同理心表达共鸣。

当客户说出其顾虑后，销售的第一反应是向客户表达同理心，站在客户角度分享自己的感受，以此来消除客户的负面情绪，让客户消气，例如："我很理解您的想法，我要是您的话可能会更担心……呢！"或："我对您的想法非常理解，很多客户都考虑过这些情况。"

特别说明：在与客户的交流过程中，"同理心表达共鸣"是经常要用到的手法。例如，当客户对目前使用的你公司的产品表达抱怨或"吐槽"时，必须先表达同理心进行安抚，然后表达歉意显示出你的真诚态度，随后才进入下一步问题探索。事实上，客户的抱怨和"吐槽"对销售而言恰恰蕴含着商机，因此销售若时刻抱着"闻过则喜"的心态去工作，往往能收获真正的惊喜。

第三步，开放型问题探索。

了解客户顾虑并表达同理心之后，销售需尽快寻找到顾虑产生的原因，类似于概念诊断中询问原因的方式，采用开放型问题进行提问，例如"是什么原因让您产生……的想法？"或"您说……（顾虑），是出于什么原因呢？"

第四步，情境化表述方案。

针对客户顾虑产生的原因，销售应提出解决该问题的具体方案，用情境化的语言向客户表达，例如："您可以想一下，当……的时候，如果……那么……您觉得这样有帮助吗？"

注意，销售此时向客户展示的是一种解决问题的能力，除了要适当考虑是否具有差异优势之外，如果涉及证明文件，最好在此向客户出示，让其确信你具有这样的能力。

另外，如果涉及的是客户关注的成本、风险等问题，并非客户某个关键人的个人价值，销售向客户口头表达后，还可以把相关内容写入书面方案之中，以彻底打消客户的顾虑。

第五步，确认型问题收结。

如果客户同意销售提出的解决其顾虑的方案，最后要通过确认型问题来获得客户认同，例如"您觉得这样安排，是否可以……能达到您想要的效果吗？"

下面我们通过一个实际案例来说明"三问二说"顾虑化解术的具体应

用过程。

案例背景：A 公司是一家专业提供商业管理软件的企业，其客户 B 公司年底前计划上一套进销存管理系统。作为采购关键人，B 公司信息系统部负责人郑总对 A 公司销售员小冯提供的解决方案比较满意，但迟迟未承诺购买。在最近的一次拜访中，小冯试图探寻郑总的顾虑并进行化解，期望在此次拜访中获得郑总启动采购流程的行动承诺。对话过程如下：

销售员小冯（开放型问题切入）："郑总，对于接下来尽快启动项目采购和实施，您还有什么其他考虑吗？"

信息部郑总："年底事情比较多，要不等过完年再说吧。"

销售员小冯（同理心表达共鸣）："我很理解您的想法，很多客户年底的时候都考虑过引入新项目会影响现有工作。"

信息部郑总："是啊，我也是这样想的。"

销售员小冯（开放型问题探索）："那具体是什么原因让您产生这样的想法的呢？"

信息部郑总："你看，今年年底老板交代的三个项目要结题、评审，光是准备材料就够我们忙的了，如果再引进一个新的系统，那会有一堆的人都要抱怨了，我也不想搞得大家拼命加班啊。"

销售员小冯（情境化表述方案）："您看能不能这样：如果年底大家都很忙，您把采购流程要填写的所有资料都交给我们来做，您手下的人只要负责审核就好了。如果方便的话，我们还可以派两个人上门来帮着你们走流程。等我们的人到位后，如果有需要，还可以帮着你们打下手，处理一些打印材料、装订文件之类的简单工作。如果这样的话，就可以减轻您和团队的负担，您觉得这样会有帮助吗？"

信息部郑总："那当然好啊。"

销售员小冯（确认型问题收结）："既然如此，那我们下周就派两位得力的同事过来，帮着您把一些辅助工作先做起来。这两个人由您调遣，直到解决问题为止。您觉得这样安排是否可行？能达到缓解你们工作压力的效果吗？"

信息部郑总："我看行。"

从以上案例可以看出，只要销售能提供合适的解决方案，客户的顾虑也可作为一个概念来诊断和满足。关键问题是，销售在发现客户顾虑的征兆时，要积极寻找合适的解决方案，运用"三问二说"方法去化解。

对于有经验的销售来说，由于他见过的客户比较多，经历过的销售场景也多，当他面对客户顾虑时，可以根据经验对关键人角色进行类比分析，快速找到客户可能的顾虑点，从而提供有效的解决方案来化解顾虑。

对于销售新人或经验较少的人来说，如果在拜访现场发现客户有顾虑而又暂时想不到解决办法，则可以先执行前三步动作——找顾虑、求共鸣、问原因，然后礼貌地对客户说："针对您说的情况，我先记下来，回去后一定想办法解决，并尽快给您一个满意的答复。"待回到公司后，销售可以找有经验的同事或上级一起寻找解决方案，再以电话回复或上门拜访形式完成后面的两个动作——说方案、达共识。这个做法既能够缓解销售在拜访现场的尴尬，又能让客户感受到你真诚服务的态度，给客户带来"靠谱"和"专业"的感觉，从而提升客户对你的信任。

最后说明一点，对于销售而言，并不是客户所有的顾虑都有解决方案。当你实在无法满足客户要求的时候，不要为了签约而勉强自己，也不要因为生意而放弃应有的职业操守。无论如何，只有守法、守信、守诚的人，才能获得客户的长久信任，这一点对 B2B 销售尤为重要。

## 要点回顾

本章重点探讨了成交签约阶段客户顾虑的处理和化解，以帮助销售最终达成签约目标。

顾虑是由行动带来的变化引发的疑惑、焦虑、担忧或恐惧，是客户在采购决策过程中的本能反应，具有正常性和普遍性。顾虑主要来自两个方面，一是客户关键人的个人价值未确定能否被满足，二是客户关注点的变化导致新的考虑因素被激活。

当客户存在顾虑时，对销售的直接反馈就是不作承诺，甚至提出异议，因此客户提出异议的根本原因就是存在顾虑。

化解客户顾虑的主要方法是"太极推手"，也称为"三问二说"顾虑化解术，分为"找顾虑、求共鸣、问原因、说方案、达共识"五个步骤。本章通过一个实际案例对此进行了详细说明。

有经验的销售面对客户顾虑时，可以根据经验对关键人角色进行类比分析，快速找到客户可能的顾虑点并提供有效的解决方案。对于销售新人来说，如果在拜访现场暂时想不到解决办法，则可以先执行前三步动作——找顾虑、求共鸣、问原因，待回去公司找到解决方案后再完成后两个动作——说方案、达共识。

**练 习**

请针对你某个客户关键人可能的顾虑，设计"三问二说"顾虑化解句式。

客户名称：_____

关键人姓名和职务：_____

关键人可能的顾虑：_____

找顾虑：_____

_____

求共鸣：_____

_____

问原因：_____

_____

说方案：_____

_____

_____

_____

达共识：_____

_____

# 第16章　竞争应对策略

　　《孙子兵法》云："知彼知己，百战不殆。"这里所说的"知彼"除了了解客户之外，还需要了解竞争对手，尤其要了解我们在竞争局势中所处的位置。这就涉及销售过程中竞争应对的策略问题。

　　在前面的章节中，我们探讨的全部是面向客户开展销售的方法。无论是售前准备还是概念诊断，无论是方案呈现还是顾虑化解，所有工作都是以客户为中心展开的。毫无疑问，当客户只有你一家供应商时，这些工作无疑是具有极大价值的。然而，现实往往并非如此，我们经常面对的是多家供应商共同向同一家客户销售的情形。

　　回溯到第11章，你可能会发现，销售在挖掘客户痛点或诊断客户概念时，还需要随着销售进程逐步了解一些销售类信息，其中就包括竞争对手的信息，例如：竞争对手有哪些？他们的销售状态和工作进展如何？客户对竞争对手的态度怎么样？等。事实上，这些就是销售判断竞争局势的重要依据。

通过对上述信息的分析，销售可以对自己在竞争中所处的位置进行理性的判断，从而制定相应的竞争策略。本章重点探讨销售方处于领先、平手和落后这三种不同局势下的应对策略。

## 16.1　领先对手时的竞争策略

无论是在军事界还是工商界，关于冲突和竞争策略的运用，《孙子兵法》无疑都是非常重要的指导手册。

《孙子兵法·谋攻篇》里说："用兵之法，十则围之，五则攻之，倍则分支。"可见，优势地位就是一种竞争优势。因此，当你领先对手时，唯一的竞争策略就是稳固优势，排除干扰，乘胜追击，快速推动客户做出购买决策，不要给任何对手任何可乘之机。

在实际的操作过程中，如果客户公开招标采购，销售就要帮助客户建立采购标准，并且将自己的差异优势能力写到招标文件里去，并将这些差异优势作为最重要的评分标准，赋予尽可能高的分值，以此达到排除竞争对手的目的。

如果客户采用竞争性谈判等其他方式进行采购，销售就要在方案文件中突出差异优势及其给客户带来的价值，并尽最大努力帮助客户快速决策。

## 16.2　处于平手时的竞争策略

在日常的B2B销售中，两家供应商旗鼓相当、打成平手的情形是最常见的（三家供应商以上同时拼抢一个项目的也有，但不多见）。针对这种局势，销售可采取迂回策略来塑造自己独特的差异优势，以此获得客户更大的认可和支持。

所谓迂回策略，指的是不要在客户既有的购买需求上与对手竞争，而是改变游戏规则，改写、创造或扩张新的需求。

但是，要让自己与竞争对手区别开来，首先就要通过拜访来了解竞争对手究竟能为客户提供什么能力，看看目前阶段客户心目中对所需能力的想法是什么，因为只有你了解到了这些信息，你才有机会为客户改写、创造或扩张新的需求。为此，我们需要使用到概念诊断九宫格的一个变异模型（基斯·伊迪斯，2014），如图 16.1 所示。

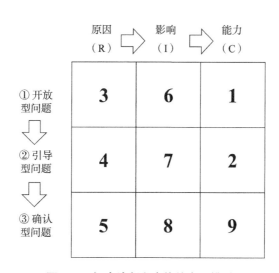

**图 16.1　概念诊断九宫格的变异模型**

为了了解现阶段客户心目中对所需能力的想法是什么，并在重新诊断客户概念的基础上构建新的能力需求，销售首先要从九宫格的 C1 格切入，然后依次是 C2—R1—R2—R3—I1—I2—I3—C3，具体步骤分解举例如下（仅对区别于本书第 10 章的方法进行说明）。

**第一步（C1 格）：开放型问题切入**，比如："你希望实现哪些具体功能？主要应用在哪些方面？"

如果客户面对多个供应商，但尚未确定选择哪一家，他一定想要找出最佳选择，那么他会乐意告诉你希望具备哪些解决问题的能力，而且，在其倾向性不明显的情况下（既然竞争局势为平手，客户应该不会在此时倾向于任何一家供应商），他还会自觉或不自觉地把此前来自其他供应商且自己认可的能力信息告诉你，以此来换取更多的供应商能力信息。当你认为客户已经把想要的能力需求告诉你之后，你再进入下一步。

**第二步（C2 格）：引导型问题过渡**，如："您刚才提到的那些功能确实很重要，为了使得……更加理想，您是否还希望有一些其他能力呢？比如 A、B 或 C 等。"

以上提到的 A、B 和 C 就是客户在上一步骤中未提及且你的公司具备差异优势的能力。如果客户对其中一项或几项有兴趣，自然会给出相应的反馈，反之也会拒绝并给出适当的理由。

如果客户真的对 A、B、C 都没有兴趣，说明你计划改写、创造或扩张的需求对他无效，你必须在 C2 格继续探寻可能的新需求。

如果客户确实认可其中的某种或某几种能力，销售则可以进入下一步。

**第三步（R1 格）：开放型问题切入**，比如：“能否请您告诉我，在没有这些能力的情况下，贵公司是如何开展相关工作的？”

此时，客户将进入由客户概念内核表所预设的“痛苦模式”，因为上面被客户认可的具有差异优势的能力是针对客户痛苦预判的，接下来，销售只要按照第 10 章中九宫格的正常流程走完 R1—R2—R3—I1—I2—I3 的步骤即可。

**第四步（R2 格）：** 与第 10 章做法相同，不赘述。

**第五步（R3 格）：** 与第 10 章做法相同，不赘述。

**第六步（I1 格）：** 与第 10 章做法相同，不赘述。

**第七步（I2 格）：** 与第 10 章做法相同，不赘述。

**第八步（I3 格）：** 与第 10 章做法相同，不赘述。

当销售与客户在新的“痛苦模式”下完成对影响的确认后，接下来进入的下一步将与正常九宫格应用有所差异。

**第九步（C 3 格）：确认型问题总结**，比如：“我对刚才咱们的谈话内容做一个简单小结。今天您刚开始的时候说到希望实现……功能，主要应用在……等方面。另外，您也认为，A、B 和 C 三项能力也是非常有必要的，如果具备这些能力，可以……实现……带来……（价值）。我这样理解您觉得对吗？”

到此为止，销售通过对概念诊断九宫格变异模型的应用，找到了自己区别于竞争对手的、具有独特差异优势的能力，并成功地将其与客户概念进行了联结，达到了改写、创造和扩张新需求的目的，为竞争胜出奠定了扎实的基础。

# 16.3　落后对手时的竞争策略

《孙子兵法·谋攻篇》里还说："敌则能战之，少则能逃之，不若则能避之。"如果说与竞争对手处于平手是"敌则能战之"的情形，那么落后于竞争对手则是"少则能逃之，不若则能避之"的状况，此时可采取的应对策略有三种：各个击破、拖延或退出。

## 1. 各个击破

对于那些在供应商眼里寸土必争的客户，当销售尚有一线业务拓展机会时，可以采取各个击破的策略。

由于此时的局面是落后于竞争对手，销售虽然很想争取赢得这个机会，但无论如何努力都难以达成全面交易，与其全盘皆输，不如聚焦攻克一两项胜算较高的业务，从竞争对手那里挖出一块"蛋糕"（即切割需求），然后通过不断提供服务和内部运作，逐渐扩展与客户的合作范围，从而"蚕食"对手的市场，扩大销售战果。

这种策略类似于军事上的"游击战＋根据地"策略，首先是集中优势兵力打击敌方小股部队，然后占领敌方阵地，并将其作为根据地来经营。随着根据地不断扩张，达到"积小胜为大胜"和最终全歼敌人的效果。

## 2. 拖延策略

当公司的产品或方案确实弱于竞争对手时，可以采用拖延策略来推迟客户购买的进程，直到销售找到更好的应对策略或公司推出更好的产品为止。

很多情况下，拖延策略需要公司在产品能力上提供足够的支持，至少要在销售拖延一段时间之后能推出与竞争对手大致相当的产品，因为拖延总会有一定的期限，客户的需求越紧迫，可以拖延的时间就会越短。

拖延策略还普遍应用于另外一种情形，那就是：由于售前准备不足，当客户即将进入采购流程时，销售才发现自己处于落后地位。如果时间充足的话，销售凭借良好的客户关系，还有机会与客户进行更有效的沟通，提供更有竞争力的方案。例如在参加客户的招标项目时，若有机会联合其他供应商达到废标的目的，也是一种有效的拖延策略。

### 3. 退出策略

在明显处于落后局面时，如果各个击破和拖延策略都无法奏效，销售的最后策略就是退出竞争，去寻找其他更好的销售机会。

我们在第 11 章中还讲到过一种情形，销售向客户提供了不错的方案，但无论怎么努力都无法获得对方的购买承诺，可以推断客户只是把你作为一个"备胎"，此时若及时退出、止损，也不失为一种合适的策略。能够在胜算很低时退出的销售，也是一种赢家，因为他可以把有限的时间和精力投入到更加有机会的客户身上去。

另外，销售在面对竞争局面时，切忌通过贬低对手的方式来达到自己的销售目的。当客户谈及竞争对手时，建议做到以下两点：

（1）基于客观事实和数据说话，而不是主观臆断。

（2）对竞争对手保持足够的尊重，尤其是对手的优势领域，可以给予适当的赞美。一是显示你的大度，二是显示你的公正，让客户感觉到你始终站在客观的立场看问题，而不是仅仅为了销售。

# 16.4　成交的信号

B2B 销售过程中，销售人员通过一系列的客户拜访动作，都是为了要实现单一销售目标，达成与客户签约。在此期间，销售的每一次拜访都需要有一个小目标——客户的行动承诺。显然，最重要的行动承诺就是最后做出的采购承诺。

不过，有时候客户并不会直接说"我确定要买你的产品 / 方案"，只是通过一些语言信号来暗示你，此时销售一定要善于抓住这些信号，快速促成交易，以免错失良机。其实，这样的信号非常容易捕捉到，几乎都是与实施、服务等相关的问题。试想一下，当客户不再询问"为什么"而是询问"怎么做"的时候，难道不是他已经决定要购买了吗？否则，他何须费时费力来问这样的问题？

通常情况下，出现成交信号时，客户向销售询问的问题举例如下：

▸▸"交货期要多长？"

▸▸"安装部署要花多少时间？"

▸▸"能介绍一下你们的售后服务流程吗？"

▸▸"有什么服务承诺？"

▸▸"什么时候给我们做技术培训？"

▶▶ "签约后大约什么时候可以测试？"

▶▶ "制订一个试运行计划需要多长时间？"

▶▶ "在正式签约之前，能给我们一个免费使用期吗？"

▶▶ "我想和你核实几份文件，方便吗？"

▶▶ "你们的付款方式有哪些选择？"

▶▶ "可以分几期支付费用？"

▶▶ "你们是使用格式化合同还是每个客户不一样？"

▶▶ ……

以上这些问题都给出了一个相同的暗示，那就是客户准备好要承诺购买了，只是在想应该如何去做出这个承诺，如此而已。善于倾听的销售很容易捕捉到这类信号。此刻，成功已唾手可得，而我们对销售方法的讨论，也即将进入尾声。

一旦你成功获得客户的订单，有一件事还是强烈建议你去做，那就是向客户询问他为什么选择了你。在每次赢单之后，可以按照顺序向客户提出三个问题：

▶▶ "你们选择我公司的理由是什么？"

▶▶ "你们对其他供应商的印象如何？他们有哪些地方表现突出，哪些地方不尽如人意？"

▶▶ "其他供应商对我们公司的看法如何？"

以上三个问题之所以重要，是因为：第一个问题实际上就是你的竞争优势所在，下一次面对类似客户时，你也许可以据此快速找到客户概念中的核心关注点；第二个问题的答案可以让你知道竞争对手在客户眼里的优缺点，下次再与他们狭路相逢时，你可以更加从容地应对；第三个问题透露出竞争对手的专业程度、自信程度和竞争能力高低，同样对你今后的应对有重要参考价值。

当然，如果通过努力最后还是丢单了，销售还是可以向客户询问以下三个问题：

> ▷▷"你们选择 ×× 公司的理由是什么？"

> ▷▷"你们对我们公司的印象如何？有哪些优缺点？"

> ▷▷"×× 公司（竞争对手）对我们的看法如何？"

在以上三个问题中，第一个问题实际上就是竞争对手的差异优势所在，下一次面对类似客户时，你可以找到更好的拆解招数；第二个问题可以让你知道自己在客户眼里有什么优缺点，其中的优点也许可以作为下次的差异优势来运用，缺点则要在今后尽量避免；第三个问题同样透露出竞争对手的专业程度、自信程度和竞争能力高低，对今后的应对有重要参考价值。

作为失败者，你诚心诚意地向客户请教对自己成败得失的看法，对方一般还是会毫无保留地把他的想法和判断告诉你，让你获得"失败是成功之母"的必要教训和心得。

## 要点回顾

前面的所有章节基本上都是探讨面向客户开展销售的方法，对竞争策略较少涉及，本章重点探讨了当销售方处于领先、平手和落后这三种不同竞争局势下的应对策略。

当销售方领先对手时，唯一的竞争策略就是稳固优势，排除干扰，乘胜追击，快速推动客户做出购买决策；当销售方与其他供应商打成平手时，可采取迂回策略来塑造自己独特的差异优势，以此获得客户更大的认可和支持，具体做法是运用概念诊断九宫格变异模型，改写、创造和扩张新的需求；当销售方落后于竞争对手时，可采取的应对策略有各个击破、拖延或退出。

最后，当客户不再询问"为什么"而是询问"怎么做"的时候，这就是客户即将承诺购买的信号，销售只要善于倾听就很容易捕捉到，成交则已唾手可得。

## 练 习

请针对你某个客户的竞争性销售机会，按照概念诊断九宫格变异模型设计一个会话场景的 9 个问题。

第一步（C1 格）：_____

_____

第二步（C2 格）：_____

_____

第三步（R1 格）：_____

_____

第四步（R2 格）：_____

_____

第五步（R3 格）：_____

_____

第六步（I1 格）：_____

_____

第七步（I2 格）：_____

_____

第八步（I3 格）：_____

_____

第九步（C3 格）：_____

_____

# 终章：从大雁到雄鹰——
# 销售的螺旋进化

本书从分析客户的购买逻辑出发，构建了一套基于客户概念的 B2B 销售方法论，并对其进行了详细论述。

该方法论集成了概念销售、信任销售、解决方案销售、顾问式销售、竞争性销售和创值销售等一系列理论，试图将销售策略与技巧进行有机融合，为面向商业客户的销售人员提供简洁易行的操作指引。

## 1. 方法论的总体逻辑和全景视图

通过前面的阐述，我们可以对"赢单四式"销售方法论的知识框架全景视图进行系统性总结和梳理，如图 17.1 所示。

销售赢单的第一式为售前准备，就是在销售拜访客户前，重点开展四个方面的准备工作，包括建立客户画像贝壳图、制作客户概念内核表、制定销售和拜访目标、设计有效约见理由。这四项准备工作可以简单归纳为"一图一表，一见一诺"。

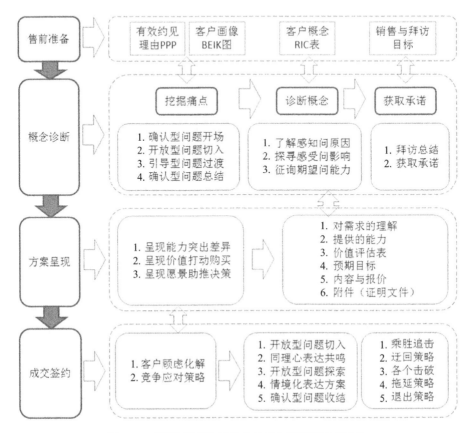

**图 17.1 "赢单四式"销售方法论知识框架全景视图**

当然，为了使销售拜访更加有效，仅准备这四项内容还不足够，另外还需备好同行业成功故事（或案例）、信息类和期望类问题（用以补充、修正和完善客户画像中未知或不确定的信息）、销售类问题（用以获取客户采购政策与流程、竞争形势等相关信息）、轮式解决方案图（用于向客户进行概念性演示）、顾虑类问题（用于向客户探寻顾虑）、客户推荐信和推荐人列表（作为优势和能力的证明）以及备用的开场白等。

事实上，有经验的销售在此阶段不光会准备以上文档信息，还会做一些"动作"方面的准备，那就是在团队内进行角色扮演和模拟演练，相当于文艺节目正式上演之前的"彩排"。这一点对于销售新手或初次使用本方法开展销售的人员非常有效，因为通过模拟演练可以在见客户之前虚拟出客户拜访场景，提前找出销售话术和行为的短板，进而完善拜访动作，达到更好的拜访效果。

总之，"磨刀不误砍柴工"。售前准备越充分，拜访效果越好。对于B2B销售而言，宁愿售前多做功课来提高单次拜访效率，也比多跑几次客户现场要好得多，因为这样既节省了销售自己的时间，也节约了客户接待你的时间，还能给客户留下更专业的形象，提升客户对你的信任。

销售赢单的第二式为概念诊断，是销售拜访中的核心工作。在此阶段，销售主要借助四个问题来挖掘客户的痛点和表现，然后运用概念诊断九宫格方法来获取客户概念，具体包括了解感知问原因、探寻感受问影响和征询期望问能力三大步骤，每个步骤均采用开放型、引导型和确认型问题与客户展开交流，从而全面掌握客户痛苦的根源和影响及其所需的解决问题能力，为后续呈现方案找准方向。另外，本阶段还介绍基于拜访总结的客户行动承诺获取方法，以实现销售拜访目标。

销售赢单的第三式为方案呈现，包括呈现能力突出优势、呈现价值打动购买和呈现愿景助推决策三部分内容，体现在提交给客户的具体方案（客户视角）内容包括：对需求的理解、提供的能力、价值评估表、预期目标、方案内容与报价、附件（证明文件）等。

销售赢单的第四式为成交签约，重点介绍了客户顾虑的化解方法和竞争应对策略。其中，客户顾虑主要通过"三问二说"方法来化解，包括"找顾虑、求共鸣、问原因、说方案、达共识"五个动作；竞争应对则要根据竞争局势的差异分别采用不同策略，包括领先对手时的乘胜追击策略、与对手打成平手时的迂回策略以及落后对手时的各个击破、拖延和退出策略等。

在"赢单四式"销售模型的实操过程中，会存在某些步骤的反复或循环运用，例如：在概念诊断、方案呈现或成交签约阶段遇到客户提出的新机会、新需求或客户方出现新的关键人时，有可能直接返回到售前准备阶段，开始新一轮的销售循环；在方案呈现阶段，如果客户要求修改方案后在下一次拜访时演示、证明或确认，可能要返回到概念诊断阶段；在进入成交签约时，如果客户有顾虑要化解，则需回到方案呈现阶段对顾虑进行专门沟通，或回到概念诊断阶段，把顾虑作为新的客户概念进行诊断。

整个销售方法论秉持客户视角、业务情境切入和客户化语言沟通的理念，彻底摒弃传统的产品推销模式，从而在客户心目中建立起"真诚＋有能力"的专业形象，以此赢得客户的信任，最终达成签约目标。

## 2. 卓越销售的螺旋进化

在大部分企业的销售队伍中，20% 的人为雄鹰型人才，80% 的人为大雁型人才。虽然大雁型人才初期并不具备良好的天分和技能，但他们是销售队伍中的大多数，普遍有准备、有意愿、有能力从事销售工作。"赢单四式"就是为了帮助他们通过实战进化成为雄鹰型人才而准备的销售方法论。

根据行动学习理论，个人对某种特定知识技能的掌握都要经历以下四个阶段（以销售方法为例）：

第一阶段，无意识无能力。对于销售新手而言，因为暂未掌握有效的销售方法和技能，此阶段全凭自己的本能和既有知识开展工作，脑海中不存在销售套路，能力相对较弱。

第二阶段，有意识无能力。经过理论学习后，销售人员渐渐吸收了一些相关知识和技能，但因尚未付诸实践，能力未能有效体现。

第三阶段，有意识有能力。随着销售人员把所学的知识和技能有意识地在销售实践之中加以应用，他对理论知识的掌握逐渐变得熟练，销售能力也逐渐提升。

第四阶段，无意识有能力。如果销售人员在实践过程中对其学到的方法技能不断重复应用，并持续进行复盘、总结、提高，经过一段时间的自我修炼和学习后，该方法技能将慢慢渗入并根植于其大脑底层，变成一种无须意识指挥的自觉行为习惯，从而完成从一个"新司机"到"老司机"的蜕变。

以上行动学习的四个阶段是一个螺旋进化的过程，其逻辑模型如图17.2 所示。

"赢单四式"是一套针对 B2B 销售的方法和技能，它同样需要通过上述行动学习的循环实践才能被销售人员所掌握和熟练运用。无论是《刻意练习》告诉我们的"一万小时"定律，还是《创值营销》所推崇的"21 天养成习惯"，几乎所有的方法技能型知识都要经过无数次的实践应用才能被学习者所精通，才能从"刻意练习"变成"肌肉记忆"，最后植根于大脑深层记忆。"赢单四式"也不例外。

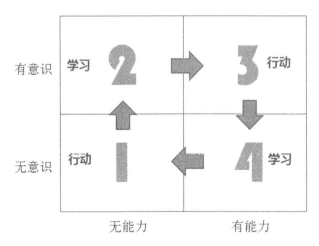

**图 17.2　行动学习的意识与能力循环**

拿破仑说过："不想当将军的士兵不是好士兵。"在 B2B 销售队伍中，相信绝大多数"大雁"都想成为"雄鹰"，那么，不断学习和践行"赢单四式"销售方法论正是成就卓越销售从"大雁"到"雄鹰"的螺旋进化之路。

### 3. 销售的价值和愿景

有不少在企业中从事销售工作的人说自己吃的是"青春饭"，认为在销售岗位上混到一定年龄之后，要么升职做领导，要么转岗换工种，除此之外没有其他更好的出路。

我则不以为然。在讨论"未来哪些职业容易被机器取代"的话题时，相关研究者认为，一个职业是否会被机器所取代，与从事的工作领域无关，与该职业所具备的知识技能有关。其中，不容易被机器取代的三项最关键的技能是：①社交和协商能力；②同理心，以及对他人真诚的帮助和关切；

③ 创造性，学习总结和提升优化能力。

显然，通过工作实践，B2B 销售人员最有条件具备以上三项技能。在我个人的职业生涯之中，前十几年从事研发工作，最近十几年一直从事销售领域的工作。相对于主要和机器、数据及信息打交道的研发工作来说，我认为销售工作更具有激情、挑战性和成就感，因为**销售主要是和人打交道，过程中既充满着变化而又饱含着规律，既关乎着交易又充斥着人情，既遵循着传统又召唤着创造。**

但是，要成为卓越的 B2B 销售并不是一件简单的事。"酒量好、口才好、关系好"不是我们的主要目标，做一个"会说话的产品说明书、宣传单或播放机"更不是我们的初衷，我们追求的境界是：置身于客户的业务情境，让客户自在地与我们交流；不要总想着向客户推销什么，而要想着能帮客户解决什么问题、带来什么价值；要时刻关注客户的痛点和概念，站在客户的角度帮助其解决问题和障碍，进而成为客户购买时的咨询顾问。这就是 B2B 销售最好的价值体现。

事实上，只有站在客户的咨询顾问这个角度，销售才更容易让客户敞开心扉，也更有可能获得越来越多的合作机会，赢得客户的长久信任，让自己的"信用飞轮"运转起来。当客户真正把销售当成顾问后，他会在需要帮助时就立刻想起你；当客户从销售那里不断获得帮助后，他会在各种场合把你推荐给更多的客户，从而让你的"信用飞轮"像"滚雪球"一样越变越大，得到越来越多的客户信任，带来越来越多的"双赢"合作机会。

因此，一个卓越的 B2B 销售在帮助客户购买的过程中，成就了客户价值，也成就了公司价值，更成就了自身价值（如图 17.3 所示）。

**图 17.3　客户、公司、销售价值融合**

当销售成为客户价值和公司价值的纽带之时，其个人价值也自然而然地蕴含在客户和公司价值之中，并得到充分的展现。更有意义的是，销售在此过程中还将收获良好的经济回报、广泛的人脉资源、丰富的职业经验和无穷的人生乐趣，这便是一个卓越销售的美好愿景。

# 参考书目

安德鲁·艾利克森，罗伯特·普尔，2016.刻意练习：如何从新手到大师 [M].王正林，译.北京：机械工业出版社.

基斯·伊迪斯，2014.新解决方案销售（第 2 版）[M].武宝权，译.北京：电子工业出版社.

杰弗里·吉特默，2009.销售圣经（3.0 版）[M].杨洁，杨帆，译.北京：中华工商联合出版社.

兰迪·蔡斯，2011.竞争性销售：如何在 B2B 市场中胜出 [M].毕崇毅，译.北京：机械工业出版社.

罗伯特·米勒，史蒂芬·海曼，泰德·图勒加，2017.新概念销售：通过咨询式沟通提供全面解决方案 [M].武宝权，译.北京：电子工业出版社.

麦克·哈南，2018.顾问式销售：向高层进行高利润销售的哈南方法（第 8 版）[M].郭书彩，闫屹，译.北京：人民邮电出版社.

齐洋钰，徐晖，2016.大客户销售：实战篇 [M].北京：中国人民大学出版社.

夏凯，2016.信任五环：超级销售拜访技巧 [M].北京：中国人民大学出版社.

夏凯，田俊国，2015.赢单九问：系统讲透策略销售的实战宝典 [M].北京：北京联合出版公司.

徐晖，齐洋钰，2015.大客户销售：谋攻之道 [M].北京：中国人民大学出版社.

# 附录1：从布局到执行——
# 销售的策略与战术

本书系统地介绍了一套面向商业客户的销售方法，无论是从售前准备到销售拜访，还是从能力呈现到成交签约，所阐述的内容都关乎销售的具体战术。事实上，对一个复杂的B2B销售过程而言，其中必然少不了形势研判、谋篇布局、策略应对等关键环节。为此，笔者特地把两年前在全国培训师群内的一次微课分享专题——《策略与战术》进行了整理，将文字内容分享如下。

在我们常见的B2B复杂项目销售中，当一个新的商机到来之后，经过销售和支撑团队的各种努力，最终无外乎是三种结果：要么我们签约拿下项目，要么被竞争对手拿下——我们丢单，要么就是客户不做了，项目终止。那么，问题来了，从输入商机到输出最终结果，中间究竟经历了什么？每个项目都千差万别、千姿百态，这个过程就是销售的"黑箱"。而作为销售，无数人都在孜孜以求地探寻这个黑箱的秘密，尤其是黑箱中如何输出"签单"这种结果的秘密，这就是销售的"策略与战术"。

为此，我们先来看一下，在复杂多变的大项目销售中，我们是如何"赢单"的。电信运营商的小伙伴们比较熟悉的场景是这样的——当我们历尽艰辛赢得了一张大单后，项目负责人在总结会上通常会做这样的发言："这个项目之所以能取得成功，主要得益于领导的高度重视、运筹帷幄、指挥有方；得益于我们的销售精英勇往直前、敢打敢拼、百折不挠，得益于技术和方案经理们团结协作、配合到位、支撑给力"等。总之，一切都是天时、地利、人和的完美结合。

但是，当我们静下心来仔细分析究竟为什么赢得这个单子时，总会发现各种五花八门的原因，可能是因为我们"运气"好，比如进入的时机比较恰当，或者我们的"支持者"在内部博弈中取得了胜利；也可能是由于我们"勤奋"的结果，比如产品方案做得很棒，刚好满足了客户的关键需求；还有可能是因为我们和客户一两个关键角色有着很好的"关系"等。然而，不管是"运气""勤奋"还是"关系"带来的签约，这其中都包含了很多的偶然性成分，我们无法将它们总结为某种规律，从而形成一套可复制的方法和套路。

因此，当我们成功签单时，总是习惯于把"天时、地利、人和"归纳为成功的关键要素，把这种含糊而笼统的、模板化的"获奖感言"当成"以不变应万变"的法宝。最后发现，就好像托尔斯泰在《安娜·卡列尼娜》中所说的那样："幸福的家庭都是相似的，不幸的家庭各有各的不幸。"把这句话套用到复杂项目销售中，那就是："成功的项目都是相似的，失败的项目各有各的原因。"所以，当我们单子丢了的时候，经常会听到这样一些抱怨："我们已经做了需求调研，客户拜访也很专业，也提交了方案，还请对方参观了样板客户，该做的都做了，客户就是不签单，我也没办法！"

"辛辛苦苦发展的销售教练，到决策拍板的时候并没有投我们的赞成票，甚至还帮助我们的竞争对手——和我们玩起了'无间道'！"

"客户关系搞得很瓷实，团队配合天衣无缝，一切事情都做得很好，但最后十拿九稳煮熟的鸭子，突然就飞了。"

我相信，每一个做过大客户销售的人都有过类似的故事："一切尽在掌握"的大单突然化为泡影，或者因为某项关键工作做得不够扎实，或者因为突然冒出来一个陌生人，或者把自己的方案给了错误的关键人，或者对项目中出现的某个细节问题抱有侥幸心理，像鸵鸟一样把脑袋埋起来，不愿意面对和解决某些不利因素，只是在心里默默地祈祷着好运的降临……凡此种种，不一而足。

无论经验多么丰富的销售，在咬到嘴的肥肉被竞争对手无情地夺走的时候，都会有一种痛彻心扉的难过和惋惜。那么，我们是否又能有一种方法可以清晰、准确地分析出丢单的原因呢？

从刚才谈到的这些失败项目的纷繁复杂的原因之中，我们可以发现，就像成功签单的大项目很难归因于单一的"运气""勤奋"或"关系"一样，复杂销售中项目的失败，往往也不能仅仅归因为价格、产品功能等某一项单一的因素。经过行业内无数专家大量深入的研究，最后发现，任何 B2B 复杂项目的销售都离不开策略和战术这两大武器，只有采取了正确和有效的策略，同时战术运用得当、执行到位的销售过程，才能最大限度地提高项目的赢率。这就是我们今天要重点探讨策略和战术这个话题的根本出发点。

看过《三国》的人都知道，在公元208年的赤壁之战中，曹操兵多将广、装备精良，拥有二十多万大军，但最终却败给了仅有五万兵力的孙刘联军，成为中国军事史上以弱胜强的著名战例。孙刘联军在强敌面前冷静分析形势，制定了有效的策略，加上关羽、赵云、黄盖等虎将的冲锋陷阵，从而以少胜多，一举奠定了三国鼎立的良好局面。

单从兵力配置上看，如果孙刘联军和曹操拉开阵势、硬碰硬地对垒，即便依靠关羽、黄盖、赵云这些名将，估计他们的胜算也是微乎其微的。他们胜利的真正原因大家都知道，就是在作战前充分地分析了敌我双方的形势，通过模拟和推演，制定了有效的策略和兵力部署计划！

那么，策略是什么呢？策略也叫战略，《现代汉语词典》中说：策略是"根据形势发展而制定的行动方针和斗争方法"。

在复杂项目的销售中，销售团队就像一支战斗部队。策略是有效分析形势、制定作战计划、排兵布阵的方法，是解决为什么做、做什么的问题，是让销售团队在正确的时间、正确的地点，会见正确的人，讲正确的话，做正确的事。在这个基础之上，才能谈到如何有效地运用"战术"的问题。

而"战术"，则是指那些武艺高强的将士骑马射箭、舞刀弄棒、匍匐前进的基本技能，是解决策略如何落地、怎么做的问题。具体对销售而言，战术主要指拜访沟通、演讲呈现、商务谈判、应用咨询等方法和技巧，这些是销售过程中的关键能力。

处于战争中的将士如果战术运用得好，可以在两军对垒中消灭敌人，保全自己；但是，局部的战术成功并不能确保整场战争的胜利，只有根据战场形势的变化进行正确有效的排兵布阵才可能获得战争的胜利。所以我们说："刀枪保命，策略制胜！"

在现实的销售过程中，我们有时候会发现，销售人员用尽所能与客户的某个关键人搞好了关系，甚至达成了攻守同盟，但最后却因为这位关键人在最终决策时分量不够，没能成功说服业务部门购买我们的产品。可以说，销售在搞定这个关键人上得了满分，但在赢下单子上却得了零分。

2009 年，当三家电信运营商刚拿到 3G 牌照的时候，其中一家运营商为了快速扩大业务规模，初期在政企市场推行"聚焦中高端"的策略。当时公司的 3G 品牌处于初创期，加上 3G 制式导致的产业链缺陷，终端更是少得可怜，而南方省份的中高端移动用户恰恰是各家竞争对手严防死守的阵地，想要虎口夺食却发现自己连像样的武器都没有，谈何容易？

当时该运营商刚从固网运营为主转变为全业务运营，员工对 3G 业务的期盼由来已久，销售团队的士气不可谓不高；三大运营商之中，政企大客户经营是其强项，战术执行能力不可谓不强，然而策略的缺陷使得其在高端大客户市场花费了巨大精力但收效并不理想。后来，不少省份调整了策略，加大向竞争对手防守相对薄弱的聚类中小市场进攻，开展大规模的扫场营销，取得了巨大的成功，迅速提升了 3G 渗透率和移动市场份额。这就是发生在我们自己身上的策略制胜的典型案例。

由此我们还会发现，当今所有的企业都在强调和强化团队的执行力，但是如果策略和方向错了，执行力越强，跑得越快，离目标只会越来越远。因此，战术的勤奋无法弥补战略的缺失，有时候战术的勤奋甚至是导致战略失败的根本原因。这就好比一场战争中派出去的一支队伍，主帅明明要求你采取佯攻，目的是诱敌深入、以实现将敌人大部队围而歼之的战略目标，而带兵的将领却一味想要取胜，为了一时一地的得失，在局部上打跑了对手，但结果却输掉了整场战争。

讲到策略，《孙子兵法》恰好是把策略发挥到极致的一部传世经典。

《孙子兵法·始计篇》说："夫未战而庙算胜者，得算多也；未战而庙算不胜者，得算少也。多算胜，少算不胜，而况于无算乎！"这里所说的"庙算"不是"在庙里算一算"，意思是说，在开战之前通过模拟、推演和分析，预计能够取胜的，赢的概率就大，因为筹划周密，胜利的条件就比较充分。很多销售在行动之前缺少"庙算"，对项目当前形势缺少有效的分析判断，没有制定有效的策略，只是为完成特定阶段的动作而行动，或是为了完成客户的要求而行动，这样的行动无疑是盲目的，能否积极推动项目就很难说了。

《孙子兵法·谋攻篇》中讲"知彼知己，百战不殆"。这一点同样适用于复杂销售。这里的"彼"指的是什么呢？从某个角度来讲是指"除了自己之外的其他重要因素"。那么这个"彼"是指竞争对手还是客户呢？很多销售认为指的是竞争对手，因为我们是在和竞争对手博弈。但是从策略销售的角度来讲，这个观点是片面的，因为赢得销售的最终胜利是客户做出决策、选择我们，而不是竞争对手。当然，并不是说不关注竞争对手，我们更应该关注的是"竞争对手所做的行动，以及在客户身上产生的影响"。因此，这个"彼"既包括对手，更包括客户。

《孙子兵法·军形篇》还讲到"胜兵先胜而后求战，败兵先战而后求胜"。能够取得胜利的军队往往在投入战斗之前，先要"庙算胜"，把如何取胜做了反复的推演和分析，制定了如何取胜的策略，然后才会投入到战斗。而很多销售往往是"先战而后求胜"，一听到消息马上冲上去，讲解方案、演示产品、参观客户，劳民伤财折腾半天，最后发现自己好像该做的的确都做了，但结果还是没有赢，这就是兵法中说的"败兵先战而后求胜"，胜的概率往往很低。

我们之所以如此强调策略，是因为策略常常被人忽略，兵马未动而败于先，我们甚至自己还蒙在鼓里。当然，并不是说策略优于战术，或者比战术更重要。策略和战术是确保复杂项目销售成功的两个同等重要的因素，是不可分割的整体。二者就像《周易》中说的"阴"和"阳"，策略销售是"阴"，战术是"阳"，一阴一阳，一静一动，互相推演转化。如果没有合理的策略，再高明的战术也可能是做无用功；同时，只有在战术运用的过程中获得真实有用的信息，才能制定和实施有效的策略。

刚才我们讲了什么是策略、什么是战术，以及策略和战术之间是什么关系。那么，B2B 复杂项目销售的策略和战术究竟包含哪些内容呢？我们可以将它们归纳为"八字秘诀"，就是"观形、知势、谋定、后动"。其中，前六个字描述的是策略，后两个字描述的是战术。下面我们拆开来做一个分析。

在销售策略中，"观形"是指"识局"。这个"形"具体是什么呢？"形"是客观的、表面的、容易看到的、相对稳定的要素，主要有三个方面的内容。第一个方面包括客户的需求是什么、范围是什么、预算是多少、计划什么时候购买等，对应着我们的单一销售目标；第二个方面包括项目进行到什么阶段、客户紧急程度如何、竞争态势怎么样等，对应着我们在项目中所处的位置；第三个方面包括有哪些人参与、分别是什么部门、什么职务、承担什么职责等，对应着客户项目关键人的识别。

在识局的过程中，我们还要重点看看是不是已经被人"做了局"，这个项目是不是你的"菜"。截止到这个阶段，我们看到的是客户项目的外在表现，所以称之为"形"，相当于现在还只是面向客户的办公室或办公桌在销售！

"观形"之后接下来还要"知势"。"知势"就是"拆局"。这个"势"又是什么呢？"势"是主观的、隐藏的、易变的、相对不稳定的因素，也有三个方面的内容。第一个方面包括客户里的关键人对这件事怎么看、为什么、他们的内心倾向是谁、对你的支持度如何等，也就是关键人对我们的态度；第二个方面包括每个人的影响力有多大、参与度有多高、究竟是谁说了算等，对应着客户在这个项目不同阶段的采购决策模型；第三个方面包括这些关键人在想什么、他们关注的组织结果是什么、个人赢是什么等，对应的是客户的组织价值和个人价值。

当我们分析到这儿的时候，才开始真正面对客户里的人在销售，但这还只是初步完成了阶段的形势分析，离策略销售还差重要的一步。这一步就是"谋定"，是布局，是庙算胜、策略胜。也就是根据"识局""拆局"获得的项目形势判断，考虑应该如何"布局"。具体工作包括：思考下一步要推动到什么状态、每个关键人如何应对；考虑见什么人、谈什么事，谁去见他最合适，先见谁、后见谁，需要调用哪些资源；如果有竞争，还要考虑我们处于优势、劣势时，分别应该怎么应对；以及如何固强制弱，如何获得更多的支持，如何削弱反对等，从而制定出合理有效的行动计划。

上面所说的"观形、知势、谋定"就是销售"策略"制定的核心内容。接下来的"后动"就要通过具体的战术来落实了。

销售的战术就是完成策略之后的具体行动，是拜访客户的方法和技巧，也就是"信任五环"所讲的超级销售拜访技巧。这五环分别是：准备、了解、呈现、承诺和评估。

我们经常讲，凡事预则立，不预则废。因此，拜访客户前的第一环就是要先分析准备去见的人，针对单一销售目标以及客户当下的认知和期望，制定此次拜访的目标，包括最佳行动承诺和最低行动承诺，同时，为了让他愿意见我，还要提前准备好有效约见理由。

完成拜访准备之后，为了收集有效信息、赢得项目，我们要考虑应该问那些问题、怎么问更合适，如何通过有效倾听来了解对方的需求、想法和购买标准，这是客户拜访第二环要做的主要工作。

第三环则是针对客户的概念，如何塑造和呈现我们的差异优势，需要用到 SPAR 的方法和四季沟通术，推进与客户的合作经营，实现双赢。

到第四环的时候，我们要考虑怎样让客户愿意采取行动，化解顾虑，从而给出下一步行动承诺，推动项目进程，实现拜访目标，让客户跟着我们一起上台阶。在拜访结束之前，我们还要进行总结确认，巩固我们的拜访成果，形成双方共同的行动纲领，促使客户兑现行动承诺。

现场拜访结束之后，专业的客户拜访技能还有第五环，就是评估拜访效果，评估有没有增加客户的信任。同时我们也认为，不以"让客户采取行动、推进项目"的销售拜访，等于浪费了客户的时间，也浪费了销售自己的时间。

到目前为止，我们讲了什么是策略、什么是战术、策略和战术之间的关系，以及策略和战术的核心内容有哪些。最后，我们对销售的策略与战术做一个对比总结。

| 销售策略 | 销售战术 |
| --- | --- |
| 解决为什么做、做什么的问题 | 解决怎么做、如何做好的问题 |
| 目的是做正确的事 | 目的是正确地做事 |
| 易经中的"阴"，静中观变 | 易经中的"阳"，动中求稳 |
| 策略为"道"，"道"可顿悟 | 战术为"术"，"术"需渐修 |
| 抬头看路，基于"面"的分析 | 低头拉车，基于"点"的突破 |
| 谋篇布局——销售罗盘 | 操作技巧——信任五环 |

首先，策略和战术是 B2B 复杂项目"销售黑箱"中的两大武器，是众多销售专家在实战基础上深入研究、总结提炼出来的一套可复制的销售方法论。其中，策略是基于有效的形势判断和分析、制定作战计划和排兵布阵的方法，是解决为什么做、做什么的问题，是让销售团队在正确的时间、正确的地点，会见正确的人，讲正确的话，做正确的事。战术指的是销售拜访中的沟通技巧，是解决销售拜访中怎么做的问题，是让销售人员正确地进行售前准备、正确地开展销售拜访、正确地呈现方案的能力和价值、正确地化解客户顾虑和获得承诺、正确地做事的方法。

其次，从策略和战术的关系来看，二者是确保 B2B 复杂项目销售成功的两个同等重要的因素，是不可分割的整体。它们就像一枚硬币的两面，缺一不可；又像易经中的"阴"和"阳"，一静一动，互相推演转化。

最后，通过对策略和战术核心内容的分析，我们可以发现：策略是道，道可顿悟，战术是术，术需渐修；策略是抬头看路，要辨明方向，战术是低头拉车，要勇往直前；策略相当于市场部门的经营分析，要站高一层看清全局，战术相当于渠道部门的销售组织，要贴近一线盯紧客户；策略是谋篇布局的套路，是"销售罗盘"，战术是销售操作的技巧，是"信任五环"。

# 附录2：从方法到案例——
# 细分市场选择与开发

在商业客户的开发过程中，如何选定适合本地的细分市场进行拓展，决定了客户开发的效率和效益，是一个非常有意义的课题。本文选自笔者参加一次实战工作坊的经验萃取，对电信运营商的商业客户经营者具有较大的参考作用，也可作为其他行业营销人员开发细分客户市场的参考。与我共同提炼本方法的成员还有齐彦杰、钟雯、李倩、王巍、黎欣和李建江等人，在此一并致谢。

作为商业客户的经营管理者，围绕自己所负责的区域，可通过以下四个步骤进行细分市场的选择和开发。接下来我们分步骤进行论述。

## 1. 收集信息

收集信息的目的在于：通过多种数据和信息的收集，初步找到备选的细分行业，为分析市场机会打基础。在本阶段，主要有四类信息需要进行收集，可按照宏观 / 微观、内部 / 外部这两个维度进行整理。

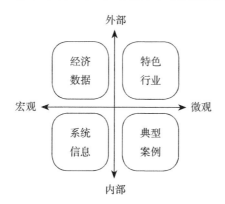

（1）宏观经济数据。宏观经济数据的获取有助于我们了解本省或本地区的市场发展现状和趋势、政府重点投资及工作方向，同时能对客户规模发展分析提供方向指引。

宏观经济数据包括如下几类：

① 本省的统计年鉴( 来自统计局 )：通常在这里能够获得总体企业分类，重点较大行业规模、企业数量、总体收入、就业人口、近年连续经营发展趋势、行业内部分类等信息。

② 省或地区的工商注册数据（来自工商局）：在此可获得以往企业注册信息及最新的注册企业信息。

③ 政府年度工作报告：通常从中可获得当年政府重点关注行业和区域、

重点投资内容和部分项目信息，不同区域发展要求、存在问题等。

④ 政府信息化发展要求或阶段性重点工作文件：从中可聚焦政府当前资金投入重点和继续提升的工作方向。

在获取宏观经济数据时，尤其要注意以下几点：

① 注意宏观数据的横向比较，如工商注册数据和年鉴，从中分析大致比例。

② 注意政府工作报告中提及的重点工作需要结合区域投资重点进行大致判断。

（2）特色行业的相关数据。结合本省或本地区经济发展情况，对主要行业进行重点数据收集和分析。其中，分析行业领跑者的经营策略，可以看出不同领跑者利用自己所具有的核心资源的切入点，同时也可以找出客户在享受服务的过程中哪些需求是没有被满足的，而领跑者没有满足用户的需求或许正是我们的方向或切入点。

特色行业相关数据包括：

① 行业概况：行业规模、行业共性特征、产业链、价值链等。

② 投资信息：资本动态、政府投资及行业融资情况等。

③ 领跑者信息：领跑者数量、经营策略、核心竞争力等。

信息来源可参考行业报告、行业新闻、行业年鉴、行业峰会内容、行业产品等。

在特色行业数据收集时，需特别关注：

① 行业中的信息化、智能化程度，特别是行业本身业务发展和信息化的关联度。

②运营商份额、其他通信服务商份额等。

（3）系统信息。主要是对公司内部 IT 系统信息的收集整合，可以分析出价值客户、规模客户、潜在客户等。内部系统信息包括如下几类。

① CRM 系统：收集客户基本信息字段、套餐类型等，可分析出客户类型、通信需求量等。

② BSN 系统：收集客户的 ARPU、账务信息等，可分析客户价值、客户财力等。

③ DPI 系统：收集客户的通信行为。

在收集分析内部系统信息时，需要注意以下几点：

①注意 CRM、BSN、DPI 三个系统数据的关联分析；

②注意客户隐私的保护及数据权限的分级管理；

③注意相关性业务之间的关联分析。

（4）典型案例。采集典型案例的目的是为了分析过程的得失，使其成为可萃取的经验。案例采集的具体方法不是本文重点，此处不作赘述。

在完成上述四类信息收集后，经过对所收集信息的汇总、整理和初步分析，可以列举出一些备选行业作为重点考虑的细分市场，为分析机会提供足够的输入。

## 2. 分析机会

本阶段对第一阶段所收集到的信息及备选行业进行多维度分析，从而找出最有机会进入的细分市场，为下一步进行抽样检验打下基础。本阶段主要从企业规模、企业类型、行业特征和信息化需求四个维度对备选的细分市场进行分析。

（1）对企业规模的分析。对企业规模的分析是在评估备选行业客户总体容量（如酒店行业在本区域内总共有多少家客户）的基础上，对行业内企业不同的注册资金、年营业额、员工数量等属性进行聚类分析，从而判断行业内每一类企业的规模价值。对企业规模的分析维度包括：

① 企业注册资金：根据注册资金的大小按档次进行归集分析，例如，注册资金 10 万元以内、10 万 ~100 万元、100 万 ~1000 万元、1000 万元以上等几个档次。

② 企业年营业额：根据年营业额的大小按档次进行归集分析，例如，年营业额 100 万元以内、100 万 ~1000 万元、1000 万 ~ 1 亿元、1 亿元以上等几个档次。

③ 企业员工人数：根据员工人数的多少按档次进行归集分析，例如，员工 10 人以下、10~30 人、30~100 人、100~1000 人、1000 人以上等几个档次。

通过以上几个属性的信息归集分析，可以找到一个行业之中不同规模档次的企业在该行业中的占比，为后续进一步分析行业特征和信息化需求提供依据。例如，通过对酒店行业的分析，若营业额在 1000 万元以上的精品酒店占酒店总数的 60%，说明针对精品酒店的开发尤为重要。

注意事项：在进行注册资金、年营业额的分档时，要根据行业特点进行适当调整，没必要所有行业一刀切地按同一个标准进行划分。例如，有些行业的企业注册资金可能最大也不超过 1000 万元；有些行业企业的年营业额可能在 100 万 ~1000 万元之间扎堆，有可能还需要细分。

案例：如餐饮行业，单店的年营业额一般都不超过1000万元，但规模数量庞大，行业总容量较大；又如专业园区市场，每个专业园区的企业注册资金一般都比较大等。

（2）对企业类型的分析。主要分析所选行业中连锁型和单体型客户的规模数量，是在对企业规模分析的基础上做的进一步研究，主要目的是为了在后续产品和解决方案的设计上体现差异性。如连锁型企业，对于各分支机构的组网、统一的运营管理就不同于单体型客户的需求。

将企业分成连锁型和单体型，可以显性地看出企业的开发价值。同时，对于这两类客户，营销路径也是不同的，如连锁型企业一般重点针对总部进行营销，或者通过树立1~2个分支机构的标杆案例来影响总部对方案的推广应用。

（3）对行业特征的分析。对行业特征的分析有利于细分行业的精准定位，便于发掘同类特征行业的核心需求，为下一步分析通信和信息化需求奠定基础。其分析维度包括发展前景、技术先进程度、要素的集约度等。

① 发展前景：可分为朝阳产业和夕阳产业，例如，养老服务机构属于朝阳产业，应该加大该行业的关注与投入。

② 技术先进程度：可分为新兴产业和传统产业，如人工智能、机器人制造等新兴产业自身对技术开发投入巨大，对云网的需求比较旺盛。

③ 要素的集约度：可分为资本密集型、技术密集型、劳动密集型、知识密集型、资源密集型。针对不同类型，其对信息化的需求也不同，如富士康是劳动密集型企业，对通信基础链接的需求比较大。

注意事项：上述三个维度是组合应用的，不能割裂分析。对于一些夕阳产业来说，要根据实际情况进行关注，其对通信和信息化的需求也可能比较旺盛。

（4）对信息化需求的分析。针对不同规模、不同类型、不同行业特征的细分市场进行信息化需求分析，目的是找到拓展细分市场的切入点，寻找规模性进入的刚性需求，为推动细分行业的数字化转型提供综合服务。主要包括以下几个方面：

① 基础通信：主要是基础链接服务，包括语音链接和数据链接。

② 云网融合：主要是基于云的网和基于网的云，为使用者提供智能随选、安全可信的云网通服务。

③ 信息化应用：围绕细分行业的运营、管理、销售、服务等环节，针对传统行业提供企业上云应用，针对朝阳产业提供即开即用服务等。

注意事项：信息化需求分析不能大而全，要找成熟度高的产品进行切入，同时要针对刚性需求进行排序分类。

难点与对策：针对客户纷繁复杂的需求，要深入调研客户刚性需求，并请专家评估，以规避风险。

### 3. 抽样检验

抽样检验的目的在于对所选择的目标细分市场进行进一步的验证和评估，主要有两类方法：走访调研和试点检验。

（1）走访调研。根据企业规模、企业类型、行业特征、信息化需求筛选出需要走访调研的客户，通过营销工具整理出使用本公司产品的客户及占比、使用的产品类型及收入情况以及使用竞争对手产品的客户占比。

通过以上方法进行分类后，在走访过程中，需要收集用户的经营范围、员工数量、电脑数量、有无服务器、使用何种软件/系统、员工通信情况等，调研用户现在使用的本公司/竞争对手的产品、质量、资费以及是否满足其信息化需求等情况。

在进行走访调研前，需要将获取的资料进行细致的分类和整理，根据不同的分类安排走访调研。事前准备越细致，走访调研获得的反馈越真实，越能帮助细分市场的选择。

注意事项：

① 走访内容一定要详细，反馈的内容一定要真实，遇到问题可及时调整客户清单、走访调研内容等。

② 为保证反馈信息真实完整，必要时对同一家客户可安排多次走访和调研。

③ 走访前要清楚地告知参与人员走访目的、收集何种信息、用什么方式走访、何时反馈等。

④ 对使用竞争对手产品的客户，应详细记录其使用的产品类型、解决哪些信息化需求等。

（2）试点检验。主要针对机会分析阶段输出的不同细分市场开展试点，基于待开发的产品原型或拟在新的细分市场销售的成熟产品，根据客户试用的体验和反馈，对客户需求判断和产品匹配评估进行验证，以便确定目标细分市场，为后续的产品研发和优化提供决策依据和建议。

试点检验通过一定数量的最终客户实际体验和试用相关产品（或原型），从客户角度了解相关细分市场客户对产品需求、存在问题及研发优化意见，以进一步验证和筛选出适合细分市场需要的产品。

注意事项：

① 试点检验目的是验证而不是探索，是调优而不是原型开发。试点前考虑清楚，试点中优化调整，验证后总结提升。

② 试点检验的过程包括试点启动、试点方案制定、试点产品部署、试点实施、试点总结、试点评估等步骤。

③ 试点检验的总结至少包括客户需求分析、应用场景分析、产品匹配度和产品优化建议等。

④ 试点评估报告：给出试点检验的结论及细分市场确定的工作建议。

## 4. 确定目标市场

确定目标市场目的在于通过之前的三个步骤的寻找、分析和检验，最终确定选择进入的细分行业，为下一步开展营销明确目标。本阶段主要包括三个步骤：结果评估、结果排序、综合决策。

（1）结果评估。结果评估要综合考虑走访调研获得的反馈资料和试点检验的总结和评估报告。对两种检验结果的评估，能从点和面上全面反映该细分行业客户使用计划产品所带来的结果。

① 走访调研结果：反映了细分行业发展趋势和信息化总体需求。通过对走访调研的结果进行汇总、建模、计算，最终可形成对该行业客户需求的结果评估报告。

② 试点检验结果：反映了细分行业客户具体使用计划产品时对产品价值贡献的评价。通过对试点期间所记录的投入产出情况、试点客户经营变

化情况进行建模、计算，确定试点检验评估结果。

结果评估时要注意适当修正偏差，主要因为样本有时可能选择不当，会造成输出结果不准确或者不具有普遍性，从而导致评估结果出现偏差。

（2）结果排序。在对目标细分市场进行抽样检验和结果评估后，就可以对目标细分市场进行排序了。排序时除了要考虑评估结果之外，还应结合本年度相关业务发展指标、主推业务等因素进行综合考虑，为每项结果指标设定不同权重，形成打分表，通过专家打分、综合评定后，确定各目标细分市场的优先顺序。

（3）综合决策。将上述排序结果提交市场经营管理者进行集体决策，从而确定最终进入的细分行业。

在确定最终选择的细分行业时，可能会存在参与决策人员对市场判断出现误差而导致所选择的细分行业偏离公司总体业务发展策略的情况。因此，要充分考虑尽量让那些宏观能力强、有丰富市场经验的管理者参与集体决策。

# 案例：细分市场探寻的曲折之旅

理论分析和实践论证相结合，是找到可行的细分市场的关键！

2018 年 10 月初，G 公司启动新一轮战略解码行动，为下一年市场拓展未雨绸缪，以期获得市场先机。商客市场近几年围绕重点楼宇和泛酒店行业持续开展实战营销，在固移融合业务领域取得了长足进步，但由于行业细分不足，产品创新有限，销售队伍战斗力日益出现疲态。如何找到新的细分市场进行创新突破，是 G 公司商客市场经营目前面临的重要挑战。

作为全省商客经营的龙头，G 公司商客中心希望借助此次战略解码契机，找到适合进攻的新的细分市场，对应匹配适合的产品和解决方案，为明年的发展奠定良好基础。

为此，商客中心 5 人团队分头行动，广泛收集来自各相关领域的行业报告、客户清单、营销数据、客户需求、竞争信息等，通过汇总整理，采用头脑风暴的方式，从 400 万存量工商企业和年度新增 120 万注册商户数据中，通过聚类分析，发现商贸连锁和服务娱乐这两大类工商户合计占比达到 70% 以上，是最有机会和潜力的细分市场。

然而，摆在面前的至少有以下几个问题：这两大类客户群体究竟如何再次细分？他们在通信和信息化方面的核心诉求是什么？我们应以什么样的产品和服务为切入点来满足他们的需求？

针对以上问题，我们开始分头行动，重点开展以下工作：

（1）对 CRM 系统中现有客户数据进行分析，发现服务及商贸行业的客户普遍对固话保持较高的消费水平，且处于持续增长之中。这一意外信息带给我们莫大的惊喜，原来，固话业务并非在所有客户群都是萎缩的！

（2）对重点地市的部分优秀客户经理进行访谈。他们普遍反馈服务及商贸行业客户对手机流量、云网及客服信息化运营有旺盛需求。

（3）借助创值营销实战，与客户经理共同拜访客户，进一步验证以上信息和判断是可靠的。

至此，我们看到了一片巨大的市场空间，但手头除了普适性的融合套餐，还找不到其他适合的产品作为有效进攻的武器。迷雾重重，如何破局？

我们陷入集体苦恼中……

幸运的是，10 月底，经过两个月的试销和流程穿测，我们早前开发的云总机业务在深圳、佛山的试销项目传来好消息，这两个地市将融合套餐、云总机与固话靓号结合销售，同时满足商贸及服务业客户对固话、手机流量、客户服务运营等的综合需求，得到了客户的高度认可，销售成功率很高。由此，我们看到了新的曙光。

11 月初，G 公司在全省开展"雄鹰杯"销售竞赛，深圳、佛山选手分别依靠商贸连锁、服务连锁两个企业客户的成功案例，在竞赛中脱颖而出，取得优异成绩，得到了众多专家评委的一致认可和好评。这个标志性事件再次验证了该行业的营销机会现实可行，且前期可重点聚焦于连锁型的服务和商贸企业客户开展营销。

在本次细分市场的选择中，我们对内外部数据和信息进行了细致的理论分析，通过客户访谈、客户经理访谈、试销等方式进行了实践论证，最终找到了理想的细分市场。因此，综合运用理论分析和实践论证方法，是找到可行的细分市场的关键！

# 附录3：从形式到内容——
# 销售拜访提问方法总结

做销售这一行，很多人都会羡慕那些高手，为什么他们总能在云淡风轻之中和客户把生意给做了？为什么他们在拜访客户时总能行云流水一般，谈笑风生就让客户把合同给签了？其实，只要掌握了销售拜访中提问的基本形式和内容，你也一样可以做到。

本书在不同章节中对销售拜访提问的形式和内容进行了阐述，但由于全书的结构是按照逻辑步骤进行编排的，因此无法将这些内容放在一起进行比较。为便于读者掌握和消化，下面对销售拜访中向客户提问的形式和内容做一个总结。

## 1. 提问的形式

销售拜访中向客户提问通常采取三种形式：开放型问题、引导型问题和确认型问题。

（1）开放型问题。主要用来鼓励客户探索内心的想法，畅谈自己的经验、心得、问题、障碍、痛苦等。客户可以自由发挥，用任何方式回答这类问题，发表自己的见解和感受。当客户回答的内容符合预期时，销售还可以继续鼓励、跟进提问，给予承接性的追踪反馈，激发客户继续表达的愿望，如："还有吗？""原来是这样啊，您不说我真是不知道，能多讲些具体情况吗？""能举个例子吗？""当时是怎么想的？""说详细一点可以吗？"等。但使用此类问题进行提问有一个缺点，容易导致客户天马行空地畅聊，脱离销售主题。当出现这种情况时，销售需要提出一些引导型问题，把客户拉回正题。

（2）引导型问题。主要用来启发客户思考，把客户拉回到销售人员期望展开的话题上，一般为半封闭式提问，形式如："有没有可能……""会不会因为……""是不是有这样的情况……"等。通常情况下，封闭式问题的回答为"是"或"不是"，而半封闭式的引导型问题往往能问出比较完整的答案，即便客户只是简单回答，销售还可以在此基础上继续追问细节，直到获得完整信息为止。但使用此类问题进行提问也有一个缺点，容易使客户产生被控制的感觉，导致客户不自在而影响其发挥。当出现这种情况时，销售需要适时提出一些开放型问题，让客户感到舒适之后再重新开始引导型提问。

（3）确认型问题。主要用来确认对方的态度或销售获得信息的准确性，确保销售与客户的沟通始终处在同一个频道上，并不断夯实每一步沟通的成果，一般为封闭式提问，形式如："您认为……是这样吗？""您的意思是……对吗？""我的理解是……对吗？"等。当客户对此类问题的回答为"是"时，表明沟通信息确认无误，销售可以进入下一个话题；如果客户回答"不是"，则要追问其真实的意思是什么，从而获得正确、有效的信息。

一般来说，销售拜访客户都是从开放型问题开始的，这样能让客户放松戒备，畅所欲言。不过，当客户过于畅所欲言而离题万里时，销售则可以借助引导型问题将其拉回正常轨道，以免浪费双方的时间。在谈话过程中，当感觉客户对你的引导型问题不喜欢时，再用开放型问题来调和气氛，如此反复，即可创造良好的沟通语境。当销售获得一些重要或关键信息时，都需要用确认型问题进行总结，以进一步核实信息的准确性和完整性，也体现出销售人员的专业性。

## 2. 提问的内容

在提问的内容方面，销售人员无非是根据销售目标来向客户获取相关信息，分为客户类信息和销售类信息两大类。

客户类信息包括客户对现状的认知、对未来的期望、对销售的顾虑、对行动的承诺等，销售可以分别用现状类问题、期望类问题、顾虑类问题和承诺类问题来向客户提问。

（1）现状类问题：一般是为了了解客户的处境及其对处境的认知，扩展当前所获知的信息，或找出某些缺失的信息，最终目的是为了从中找出客户对现状的不满，因为不满即是痛点。例如："目前业务发展情况怎么样？""您感觉现在……的运行情况如何？""对于……您觉得表现怎么样？""关于……（正在推进的某个项目），目前进展如何？""对于……的状况，您还满意吗？"等。

（2）期望类问题：一般是为了了解客户对未来的期望、设想或看法，发掘某些未找出的信息，最终目的是为了从中找出客户期望与现状之间差距，因为差距即是痛点。例如："您认为……应该怎么样才会更好呢？""对于……您认为更理想的状况应该什么样？""关于……您还有更高的期望吗？""对于……您认为目前的状况和您的期望有什么差距吗？"等。

（3）顾虑类问题：面对销售的公司或方案，客户经常会有某些顾虑。当销售感觉客户有顾虑时，首先要了解客户的顾虑是什么，此时就要用到顾虑类问题。例如："您对刚才的建议有什么担心吗？""对于……还有什么您觉得不确定的东西吗？""对于……您觉得有什么考虑不周全的地方吗？""如果接下来……您觉得还有哪些事情需要考虑？""对于下一步……您还有什么考虑吗？""您说下一步……觉得不合适，主要是基于什么考虑呢？""您觉得还需要从那些方面加强呢？"等。

（4）承诺类问题：拜访结束时，销售需要向客户索要行动承诺，即使用承诺类问题。例如："您看接下来应该怎样安排？""您觉得下一步如何推进比较合适？""您刚才提到……我的考虑是……我觉得咱们是不是……您认为这样可以吗？"等。

销售类信息包括销售过程中涉及的人物角色、采购流程和竞争态势等方面，销售可以分别用角色类问题、采购类问题和竞争类问题来向客户提问。

（1）角色类问题：目的是了解与采购决策相关的关键人有哪些、在采购中各自担负什么职责、相互关系如何等信息。例如："您在此次采购决策中负责什么工作？""除了您还有谁参与采购决策？""具体采购还有哪些人评估？""谁负责技术标准、谈判？""哪一位是负责最后拍板的？""公司将安排哪些人具体来对接落实？""公司有没有什么人事变动？（如果有）会对此次采购产生什么影响？"等。

（2）采购类问题：目的是了解决策流程与模式、购买进度计划、采购政策等信息。例如："贵公司的决策流程是怎样的？""对该项采购有什么特别的管理政策吗？""贵公司的采购时间进度计划如何？""贵公司有没有为采购决策设定时间表？""希望什么时间实施？何时见到效果？"等。

（3）竞争类问题：目的是了解同时参与的竞争对手、对手的销售状态和工作进展、客户对竞争对手的态度等信息。例如："除了我们，您还在考虑哪些供应商？""他们（竞争对手）目前的工作状态和进展如何？""您觉得他们（竞争对手）的表现如何？哪里比较满意，哪里不够满意？"等。

在销售拜访过程中，不管是想获取客户类信息还是销售类信息，向客户提问时一般都遵循"开放型问题切入—引导型问题过渡—确认型问题总结"的三段论模式，只不过销售人员需要根据客户的反应和现场的气氛进行灵活调整而已，只要在实践中不断运用、思考和优化，就一定能达到张弛有度、游刃有余的效果。

总之，销售在拜访客户时，常用的提问形式有三种，分别为开放型问题、引导型问题和确认型问题；提问的内容有七类，分别为用于获取客户信息的现状类问题、期望类问题、顾虑类问题和承诺类问题，以及用于获取销售信息的角色类问题、采购类问题和竞争类问题。

全面和灵活掌握向客户提问的形式与内容，销售便随时可以和客户来一场顺畅而愉悦的拜访。